名师名校名校长

凝聚名师共识
回应名师关怀
打造名师品牌
培育名师群体

程明远题

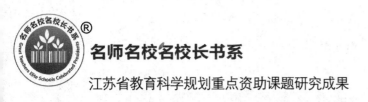

名师名校名校长书系

江苏省教育科学规划重点资助课题研究成果

经验课堂·儿童数学

基于数学活动经验的 教学与实践

杨国华 / 著

民主与建设出版社

·北京·

图书在版编目（CIP）数据

经验课堂·儿童数学：基于数学活动经验的教学与
实践 / 杨国华著. — 北京：民主与建设出版社，
2019.9
ISBN 978-7-5139-2615-7

Ⅰ.①经… Ⅱ.①杨… Ⅲ.①小学数学课—教学研究
Ⅳ.①G623.502

中国版本图书馆CIP数据核字（2019）第185161号

经验课堂·儿童数学：基于数学活动经验的教学与实践
JINGYAN KETANG ERTONG SHUXUE JIYU SHUXUE HUODONG JINGYAN DE
JIAOXUE YU SHIJIAN

出 版 人	李声笑
著　　者	杨国华
责任编辑	刘　芳
封面设计	姜　龙
出版发行	民主与建设出版社有限责任公司
电　　话	（010）59417747　59419778
社　　址	北京市海淀区西三环中路10号望海楼E座7层
邮　　编	100142
印　　刷	北京虎彩文化传播有限公司
版　　次	2022年6月第1版
印　　次	2022年6月第1次印刷
开　　本	710毫米×1000毫米　　1/16
印　　张	16
字　　数	288千字
书　　号	ISBN 978-7-5139-2615-7
定　　价	45.00元

注：如有印、装质量问题，请与出版社联系。

与经验美好相遇

（代序）

人们常说，生活就是在追求美好的路上。而作为小学数学教师的我们，跟随特级教师杨国华校长的脚步，与"经验课堂"不期而遇。八年，一点点的感动于团队的付出，一步步地接近经验内核，化作一种动力，坚持和守望着课堂的那份期许。

还记得曹培英老师说过："喜欢数学的教师，比较容易领会数学的精髓，感悟它的价值所在。"我们团队就是由一批喜欢数学的研究者组合而成，对于经验，从最初的迷惘，到一步步地探究，或许有过悲观，或许有过放弃，但在喜欢的道路上我们不断地坚持，从而深深地体会到它的价值所在。

经验虽说非常的抽象，却是学生学习最为重要的基础体现。每个孩子都是带着经验进课堂，这种经验可能来源于生活，也可能来源于教育，他们在课堂上经历经验唤醒、再积累、运用和升华总结的过程，然后带着全新的经验出课堂，为下次的学习储备新的学习力量。我们团队很好地抓住这条经验生长之线，着力于课堂中生长的研究，借助"五动"的特质，让经验积累更加优质化。

伽利略说："数学是上帝用来书写宇宙的文字。"作为一线教师的我们惊叹数学的神奇，也敬畏自然的力量。就如我们时常感慨"经验到底是什么"一样，它并不是人们的一种创造，而是一种与之而来的数学素养。而我们的研究不是去包装，而是去点亮，让学生感受到经验的存在，感受它的价值，更感受它与数学之间的一种默契，让孩子们借助经验的东风在数学学习上有更美好的体验。

回首八年的研究步伐，感慨它的转瞬即逝。还记得初次知晓聚焦经验研究时的诧异，借着不多的文献去学习，不断地领悟，不断地积累，不断地懊恼，又不断地推翻，就这样我们都成长了。每当团队中在经验方面有特别感悟进行分享时，我们又是如此的兴奋，因为这些成绩都在告诉我们坚守是一种希望，更是一种力量。

"教育的过程就是一个不完美的人引领着另一个（或另一群）不完美的人追求完美的过程。"这是肖川博士对教育的一种比喻，直接说明我们的研究虽存在很多的不完美之处，但是我们却一直在追求完美的过程。经验的研究之路虽然已经坚持了八年，但是对于教育者而言，一旦有了目标，除非他已完美，否则我们就一直在追求完美的路上开拓着。试想，完美是多么美好的字眼，因为他难以获得，但又在无限地接近，这条数学的无穷之路就是我们短短几十年的信仰。我们对经验的研究已经获得一些初步的成果，但这样的成果并没有终结，因为远方将有更加完美的获得在等待着我们。

遇见是一种美好，我们正期许着经验的未来更加的精彩！

杨晔（入选教育部优秀乡村青年教师培养计划）

2019年2月13日

让"经验课堂"成为一种美好样态

（自序）

近来，有朋友常问："所谓好的小学数学课堂究竟有哪些表征？"这是一个老生常谈却历久弥新的问题，作为一名数学教师确实应该深度思考此话题并反思自己的课堂教学实践。我们团队近八年来持续关注和研究"积累数学活动经验"这一话题，先后主持研究了江苏省规划办十一五课题"小学生基本数学活动经验积累的教学实践研究"与江苏省规划办十二五2015年度重点资助课题"基于'数学活动经验'的教学评价研究"，随着研究的深入，我们明确提出"让'经验课堂'成为一种美好样态"的教学主张。该主张提出数学课堂应当具有"五动"特质，即动手操作、动眼观察、动脑思考、动口说理、动耳倾听。理虽浅显，但大道至简，"经验课堂"的提出或许能为读者打开观课的另一扇窗，能对课堂更多一份理性思辨。

"经验课堂"的"五动"特质对教师而言，就是要创造一切机会让学生的数学学习活动真正发生。动手操作即在教学过程中根据教学实际，引导学生通过诸如摆、剪、折、量、画、拼等实践活动，使学生获得鲜明、生动、形象的感性认识，从而为理解概念、数量关系等形成正确数学认知服务；动眼观察即在数学学习过程中，学生应当学会阅读数学资料，能仔细观察所提供的数学材料或数学现象并发现其内在的关联性；动脑思考即学生在数学课堂中能思考、会思考，教师要注意引导学生根据已有知识与生活经验积极主动地思考，掌握一定的思考方法，正确灵活的思维；动口说理即学生要能积极向同伴、老师说出自己的思考过程，尤其是能到台前面向全体师生表达自己的数学思维，也即要把学生的内部语言（思维）转化为外部语言（思维）；"动耳倾听"既是一

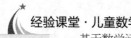

种学习习惯，又是一种会学习的良好品质，在教师讲课时学生要能主动倾听，在同伴分享时学生也能安静听取不同的见解。

"经验课堂"的"五动"特质对学生而言，我们往往用"聪"字法释义。"聪"字右上方两点表示同学们的两只小眼睛，提醒同学们在课堂中要注意动眼观察；"聪"字中间的口表示同学们在课堂中要善于动口说理，耳字表示要动耳倾听，心字表示要动脑（用心）思考，当然要想变得聪明还离不开动手操作。如此，学生就明晰了在数学课堂中应该如何积极、主动参与数学学习，并乐在其中。

在数学学习中"思维的起点是经验，而经验的发展是思维"。波利亚曾经说过："学习任何知识的最佳途径是由自己去发现，因为这种发现，理解最深刻，也最容易掌握其内在规律、性质和联系。""经验课堂"的提出是我们在研究过程中提出的较为明确的教学主张，在本书中多视角、多维度阐述了我们的思考与做法，相信读者您阅读后一定会产生共鸣。"经验课堂"的提出就是为了让学生经历数学知识的发生和发展过程，让学生对数学多一份体验、感悟，是一种朴实的数学教育追求。它并非要求一线教师把"经验课堂"的特质体现得面面俱到，而只是需要一线教师们持之以恒地关注并付诸实施，哪怕是做到了其中的一两点。

如此，小学数学课堂必将会呈现别样的美好样态。

杨国华

2018年12月28日 于金沙

第九章　基于数学活动经验的经典课例赏析

附　录

第 一 章

数学活动经验的认识

第一节　数学活动经验研究缘起与思考

《义务教育数学课程标准（2011年版）》明确提出：数学活动经验的积累是提高学生数学素养的重要标志。帮助学生积累数学活动经验是数学教学的重要目标，是学生不断经历、体验各种数学活动过程的结果。尤其是史宁中、张奠宙等数学教育专家对数学活动经验的重点关注，更引起了数学教育工作者对数学活动经验相关问题的思索和探究。

基于上述，我们走上了持续关注并研究"数学活动经验"之漫漫路，并以江苏省规划办十一五课题《小学生基本数学活动经验积累的教学实践研究》（批准号D/2011/02/254）和江苏省规划办十二五2015年度重点资助课题《基于"数学活动经验"的教学评价研究》（批准号B-a/2015/02/002）为抓手，从以下维度进行了思考与探索。

一、思考与探索

1. 体系化的研究视角

《义务教育数学课程标准（2011年版）》虽已明确提出了关于数学活动经验的相关要求与教学建议，但由于此领域的研究刚起步，虽然也有众多老师进行了相关研究，但我们以为还缺乏一定的研究体例，更多的还是在定义领域讨论。我们在思考，小学阶段到底应该帮助学生积累哪些基本数学活动经验？有哪些策略？有怎样的教学模型？数学活动经验在不同年级、不同内容领域是如何螺旋上升的？我们该如何基于经验积累的体系化视角对当前课堂教学进行评价，以构建"经验课堂"的评价体系？

2. 过程性教学目标的思考

学生的数学活动经验积累重点在于经历与体验，尤其是在常态课教学中，教师应当让学生充分经历知识的发生、发展过程。但事实上在常态课堂教学中，教师为了所谓"教学方便"往往用教的行为替代学生学的行为，这与当下的"数学教学检测"形式、手段与内容单一是有关联的；当然，这与学生在课堂教学中的参与程度评价方式，也即"过程性"教学目标的评价还缺乏具体的定性指标有关。我们在研究过程中致力于引领教师在常态课教学中主动关注学生参与学习的状态，扎实有效地让学生积累数学活动经验，而非仅在研究课中才来关注学生数学活动经验的积累。

3. 课程建设视角的审视

根据维果斯基"最近发展区"的理论，学生在学习数学时都是带着已有经验走进课堂的，我们的观点是"经验的发展是思维，思维的起点即为经验"，而这恰恰应是数学教师应有的数学课程视角。我们在"经验积累课题"的研究过程中，遵循学生的认知规律，依托现有国标本苏教版数学教材创编了具有本校特色的《数学阅读与拓展体验》校本教材，同时也建立起了一定的评价与教学质量检测机制。

基于上述三个维度以及对于课程标准中关于对"数学活动经验"的阐述，我们高度认可"数学活动经验"需要在做的过程和思考的过程中积淀，在数学学习活动过程中逐步积累。教学中注重结合具体的学习内容，设计有效的数学探究活动，使学生经历数学的发生、发展过程，这是学生积累数学活动经验的重要途径。

在研究过程中，我们对"经验"及"基本数学活动经验"等相关概念也做了一定的研究与界定。

二、研究与界定

1. 经验

经验就是按照事实原样而感知到的内容。哲学中的经验通常有两种解释。

（1）来源于感官、知觉的观念。

（2）来源于反思的（即我们由内省而知道的）那些观念。

2. 数学思维模式

《义务教育数学课程标准（2011年版）》中所指的"基本活动经验"，实际是指"学生亲自或间接经历了活动过程而获得的经验。"

数学基本活动经验内涵的构建最终定位于"从最简单问题入手，循序渐进地摸索规律，尝试性给出一般性结论和一般表达式，并进行验证或证明"的数学思维模式。

3. 数学基本活动经验既是一种过程，也是一种结果

本观点与杜威的观点一致，不同的是杜威更强调了生活经验，而我们强调的是思维层面的经验。

数学基本活动经验是一种过程的经历，是亲身经历和感悟数学思维的活动过程。过程经历后的结果之一是形成数学基本活动经验。没有真正的过程经历，不可能形成数学基本活动经验；数学基本活动经验的形成，必须有过程性经历。

4. 数学基本活动经验是经历归纳推理和演绎推理过程后的结果

数学思维活动往往是归纳推理和演绎推理相互作用的过程。归纳推理包括两方面：一方面是类形成的过程；另一方面是在已形成的类中，从最简单的具体问题入手、循序渐进地摸索规律，尝试探求一般性结论，并给出一般的公式表达的过程。这里的"类"，可以理解为某些具有共同的、关键特征的事物，类形成是在各种不同特征中区分、鉴别出共同的关键特征，这些特征是这类事物所独有的。小学数学教学中更多的是让学生经历归纳推理的过程，由此获得归纳推理的经验（也是一种思维经验）。归纳推理在于引导学生发现某些新事物、新问题或新结论，更能培养创新意识的下一代。而这一过程即是"从最简单问题开始，逐步的摸索、探求共性和规律，尝试性给出一般性结论，并验证或证明"，在这个过程中，积累是最正确的思考问题的经验。

5. 数学基本活动经验最终形成一定的数学思维模式

数学基本活动经验也是一种结果，这种结果往往通过一定的数学思维模式表现出来。

经历最正确的思考问题的过程，并经过长时间积淀后，形成一定的数学思维模式，以后遇到相关情境时能不自觉地运用这种思维模式。

对于学生而言，所谓数学基本活动经验，是指在数学目标的指引下，学生经历了与数学课程教学内容密切相关的数学活动之后，所留下的有关数学活动的直接感受、体验和个人感悟。

为便于研究，我们将数学基本活动经验分为"行为操作活动的经验、探究活动的经验、数学思维活动的经验和数学问题解决的经验"这四类。其中，行为操作活动的经验是指来自外显行为操作活动中感觉、知觉的经验，属于直接经验。探究活动的经验既有外显行为的操作活动，也有思维层面的操作活动，是融行为操作与思维操作于一体，并不完全脱离行为操作的数学活动。探究活动的经验一般属于直接经验。数学思维活动的经验一般是指不借助外在的实在物体仅依据思维材料进行数学操作活动而获得的经验，主要包括归纳、类比、联想、猜想、特殊与一般化等思维活动。数学问题解决的经验是指运用数学知识进行问题解决的经验（包括发现问题和提出问题、分析、题和解决问题的经验等）。

综上，数学活动经验是沟通学生已有的认知结构和新的数学学习活动的桥梁，关注"经验"符合学生数学学习的认知规律，能让学生的数学学习活动更易找到生长点；学生的学习过程就是一个积极主动地利用经验对数学现象进行解读的过程，学生在丰富的数学活动体验中依靠"数学活动经验"解决数学问题，能让学生的数学学习活动更易找到延伸点。首先，"数学活动经验"的积累与提升过程是学生数学思维品质不断完善的过程。其次，开展"'数学活动经验'视角下的教学实践研究"可以促进学生在"动手操作、动眼观察、动脑思考、动口说理、动耳倾听"的多维互动中提升学习力。同时，也会进一步促进教师积极构建真正属于"儿童数学"教育的新模式。

第二节 有关活动经验的理论

20世纪80年代初期，美国组织行为学教授库伯提出的基本观点是：知识是经验的构成与再构成，学习是"始于经验、然后回归于经验""改造或者转化经验、创造知识"的过程。在这个过程中，学习从经验的"领悟"和"转化"两个相互独立的维度展开，通过参与具体活动直接领悟创造活动经验、获得具体经验，然后对所经历的活动通过回顾、反思等内在的思考，内化为能够理解的、合乎逻辑的抽象经验，并将之在新情境中进行证实和运用，重新领悟和创造新的经验，在这样不断循环往复的连续过程中实现经验的创造、领悟与转化。处于理想状态的经验至少要经过具体经验、反思性观察、抽象概括、主动实践这四个阶段，在这样循环的过程中才能完成。

20世纪上半叶，戴尔等提出了"经验之塔"理论。他认为，经验就是学习的途径，一切学习应"从经验中学习"，最好是从直接参与的动作性经验学习开始，以获得直接经验。当直接经验无法获得时，应该寻求观察的经验作为"替代性经验"以弥补、替代直接经验的不足。戴尔进一步指出，学习应当尽可能始于具体经验，但不能止于具体经验，教师应当启发和引导学生把具体经验向抽象的、概念性的经验转化，使其获得和发展抽象经验。戴尔着眼于研究提供给学生刺激物的特性，依据学习经验和教育媒体呈现的基本形态按照从具体到抽象、从实物到印象和符号的思路，把人们获取经验的途径按照从实际操作出发到采用视听教具、视听方法，直至抽象符号的抽象程度的层级变化和发展走向的顺序，形象地描述成一个从底部向上累积的"塔"的模型，并称之为"经验之塔"。在塔的不同层级，学生获得经验的方式不同：从塔底向上的方向，在塔的底层，学生是实际经验的参与者，从"做中学"获得直接经验，即"做"的层次的经验，包括有直接的、目的的经验，设计的经验和演戏的经验；在中间层次，学生作为实际事件的观察者，获得"观察"的经验，涉及演示、校外学习考察、展览、电视电影、广播、录音，以及静画；在最后一个层次，学生作为符号世界的参与者和观察者，获得抽象形态的经验。"经验之塔"实际上刻画了学生经验的获得是从具体逐渐向抽象过渡的过程，越往上越抽象，如图1-1左图所示。该模型中，越是靠近塔底的经验越具体，越是靠近塔顶的经验越"抽象概念化"。布鲁纳也十分肯定戴尔的关于"有效的学习应该尽可能从直接经验学习开始，但又应向抽象的、概念性的经验提升"的观点。他进一步认为学生接触各种学习材料的顺序对达成学习目标有直接的影响，并坚持"教学的过程首先应从直接经验入手，然后是经验的映像性表象，再过渡到经验的符号性表象"的观点。他着眼于学生的心理操作特性，把戴尔的"经验之塔"中十多个不同层次的学习经验进一步浓缩为三个类别，并从教学活动的角度设计了一个与戴尔"经验之塔"平行的说明性图解，如图1-1右图所示。

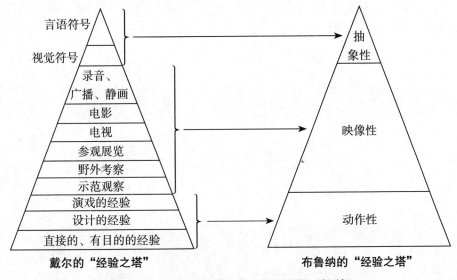

图1-1　与戴尔"经验之塔"平行的说明性图解

布鲁纳将各种教学活动归纳为动作性活动、映像性活动和抽象性活动三个类别，塔的最下层是动作性学习，包括各种直接的、参与性的学习活动，学生必须亲身经历从而获得真实的感受；塔的中间层次是映像性学习，是指用直观表象操作代替实物操作的学习，包括各种形象直观、声音直观等可用多媒体技术表现出的视听材料的学习；顶层是抽象性学习，它包括"经验之塔"中最上面两层所涉及的媒体。

随着现代计算机技术、多媒体教学手段在基础教育中的广泛应用，"经验之塔"理论强调为学生提供直观、生动、接近学生生活现实的多样化情境，提供丰富的"替代性经验"等观点，越来越受到教育者尤其是素来以较强抽象性著称的数学学科的教学工作者的重视。

第三节　让数学活动经验"落地生根"

　　积累基本活动经验，形成比较完整的数学认识过程，构建比较全面的数学现实，对于帮助学生获得良好的数学教育，提升数学素养，具有重要的意义。在2011年版数学课程标准出台后，基本活动经验在课程目标中被进一步明确，教师们认识到"数学活动经验"是通过创造有意义的数学活动，使学生获得进一步思考和回忆的素材，是经历感悟、思考后形成的下意识的一种结果；数学活动经验构成了回忆、联想和直观认识的基础，最终可让学生形成一般的思维模式。但教师们对于如何使基本活动经验的积累从理念走向行动仍感到困惑，觉得基本活动经验有点虚无缥缈，教学中无法找准经验的生长点，在课堂教学中进行落实较为困难。以下，我们将结合"长方形和正方形的特征"课例研究谈谈如何让数学活动经验在我们的教学实践中"落地生根"，以求同行指正。

一、激发参与，唤醒经验

　　学生在二年级时已初步认识了长方形和正方形，已具备了一定的生活经验，当学生在教室内很快找到一些物体的面是长方形或正方形时，教师并未囿于教材安排马上引导学生进行"特征"探究，而是把教材中"想想做做"的第1、2题前移，让学生在围、拼长方形与正方形的过程中唤醒已有认知经验，来激发学生参与和探究的欲望。

　　师：同学们用数学的眼光发现教室内许多物体的面都是长方形或正方形，那你们能利用皮筋在钉子板上围成或用身边的三角板拼出一个长方形或正方形吗？

9

生：能。（同学们开始合作围或拼长方形、正方形，而后汇报）

师：怎么能判断你们围或拼成的图形就是长方形或正方形呢？

生：我围成的图形上边和下边相等，左边和右边相等，所以它是一个长方形。

生：我们用相同的两个小三角板合作拼成的图形四条边都是一样长，所以它是一个正方形。

……

生：这些图形的四个角都是直的。

师：你是说长方形和正方形四个角都是直角，是吗？

生：是。

师：刚才，同学们所说的这些特征其实都是我们的直觉，也可以叫作猜想吧！到底对不对，我们还得？

生：要进行验证。

……

思考： 基本活动经验是个性化的，属于个体的，具有一定的内隐性，在教学中要唤醒学生的已有经验，教师一定要提供一个让学生人人都能参与的活动。这样的活动要能为学生提供良好的学习环境和问题情境，要能为学生提供广阔的探索空间，促使学生积极参与，使学生的问题意识得到萌生。长方形和正方形存在于生活中众多物体的表面，学生已经能够辨认，但并不能讲出其所以然，故课始教师即基于学生已有认知经验提供了一个人人参与的活动：用三角板拼或在钉子板上围长方形（正方形）的操作活动。事实证明，把这样的一个练习前置是可行的，特别是操作后的追问"怎么能判断你们围成或拼成的图形就是长方形或正方形呢？"促进了学生由操作向理性思考转变，学生有了猜想，还想到要进行验证，这是难能可贵的，这一环节教学不仅使学生的已有经验得到唤醒，而且让学生有了进一步探究的欲望。

二、促进经历，走向经验

一个数学结论的获得、概念的揭示等并不能完全依赖于直觉，虽然伟大的发现总来自猜想，但更需要有艰辛的验证过程，而在经历验证的过程中学生会不自觉地收获比知识更重要的经验。

师：每名同学的桌上都有长方形和正方形的纸，你打算用怎样的方法来验证刚才的猜想，同桌可以交换一下意见。

生：我准备用直尺边上的角来验证它们的角。

生：可以直接用三角板上的一个直角进行比一比，看看它们的角是不是直角。

生：可以测量它们的边，看看长方形上下两条边是否相等，左右两条边是否相等。

师：同学们想了这么多的好方法，那就开始验证吧！

（学生动手操作，教师巡视）

生：（带着三角板到台前演示）我用三角板上的直角对长方形和正方形的四个角分别进行了比较，我发现它们的角都能和直角完全重合，说明它们的角都是直角。（全体学生表示同意）

关于边的特征的探究，结合学生的汇报，教师整理，见表1-1和表1-2：

表1-1　长方形边长记录

长方形	上边	12	7	1	1	……
	下边	12	7	1	1	……
	左边	6	5	5	7	……
	右边	6	5	5	7	……

表1-2　正方形边长记录

正方形	上边	7	10	9	5	……
	下边	7	10	9	5	……
	左边	7	10	9	5	……
	右边	7	10	9	5	……

师：根据同学们的验证和汇报，你们发现什么了？

生：长方形有的大、有的小，正方形也是这样。

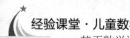

生：虽然长方形和正方形有的大、有的小，但所有长方形的上下两条边都相等，左右两条边也相等。正方形四条边都相等。（全体学生附和，感觉很自豪）

生：（突然举手）老师，实际上不测量也能证明长方形上下、左右两条边分别相等。（该生边说边把长方形的纸进行对折展示，全体学生表示认可）

生：正方形也可以通过对折证明它的四条边都相等。（但该生在演示时出现了困难，好像很难证明四条边都相等，但同学们在他的启发下已自发开始动手折了）

生：（急忙举手）我们可以沿着这条线对折，然后再这样对折（该生实际是沿着对角线对折后再对折），就可以说明正方形的四条边是完全相等的。（全体学生鼓掌）

……

思考：数学学习具有积累性，后一阶段的学习是建立在学生已有的知识和经验的基础之上的，是对前一阶段知识与经验的深化与发展。因此，数学活动经验重点在积累，教师不可包办代替，一定要让学生在数学学习活动中经历整个知识探究和形成的过程。上述教学就是让学生充分经历了验证特征的全过程，学生通过比一比、量一量、折一折等方法，逐步证实先前的猜想是正确的。在这一经历的过程中，学生收获的不仅仅是知识，他们还发现验证的渠道是多样的，思路是不唯一的，这让学生感悟到今后思考问题应该多元。同时，学生还感悟到一个结论的得出，不能仅靠一个例子，而应该通过大量的例证才能得出较可靠的发现。不难看出，在数学活动的经历过程中，学生们已自觉将生活经验和感性层面的经验进行了改造和重新组合，把具体的生活经验向理性的、抽象的数学经验转化，从而在数学化的思考活动中建构了属于自己的数学。整个过程，谁能说学生没有从经历中已逐步积累起了归纳的经验呢？

三、引导反思，提升经验

在思维操作活动中获得的经验即思维操作的经验，就一个人的理性而言，思维过程也能积淀出一种经验，这种经验就属于思考的经验。一个数学活动经验相对丰富并且善于反思的学生，他的数学直觉必然会随着经验的积累而增强。在日常学习中，学生的数学活动经验是内隐的，不仅需要积累，而且更需要提升，而在应用中让学生学会理性思考、合理反思是提升经验的重要方式和手段。

师：现在有五根小棒分别是5cm、3cm、2cm、3cm、5cm（图示略），如果要用小棒来围一个长方形，应该选用哪几根小棒，为什么？

（学生轻声交流后汇报）

生：应该选用5cm、3cm、3cm、5cm这四根小棒，因为长方形的对边必须相等。

师：请同学们闭眼想象这个图形的样子。好，睁开眼睛看一看，与你们想象的一样吗？（教师用大屏幕展示，图片略）（学生会心地笑了，从他们的笑脸上感受到了他们获得成功后的感受）

生：围成的长方形的长是5cm，宽是3cm。

师：那这根2cm的小棒多孤独啊！你能给它配上几根小棒组成一个正方形吗？

生：应该配上三根2cm的小棒就可以围成一个正方形了。

生：围成的正方形的边长是2cm。

……

师：如果用16个一样的小正方形，你能拼成一个大正方形吗？想一想，如果能拼成大正方形，它的样子是什么？

（生小声议论）

生：拼成的大正方形应该是每排有4个小正方形，一共拼4排。（生动手验证）

生：（带着自己的作品到台前展示）我拼了2排，每排有8个。（全体学生立即表示反对）

生：他拼成的不是一个正方形，而是一个长方形。

师：那正方形还有其他拼法吗？

生：没有。

师：这名同学的拼法倒让我想起了一个新的问题：如果用这16个小正方形

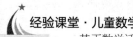
去拼长方形，除了他拼的这种方法外，还可以怎样拼呢？

（学生在合作讨论的基础上又拼出了16个小正方形排成一横排的形状）

师：通过今天的学习，你们有什么收获？

（学生先交流后汇报）

生：长方形和正方形的四个角都是直角。长方形的对边相等，正方形的四条边都相等。

生：长方形长边的长叫长，短边的长叫宽；正方形每条边的长叫边长。

生：用小棒围一个长方形时，只能选两种（规格）一样的，因为长方形的对边相等……

生：用16个小正方形拼图形时可以拼成一个大正方形，也可以拼成不同的长方形。

生：对于我们的猜想，一定要通过许多例子进行验证才能说明是否正确。

生：（激动地）验证的方法可以是量一量、比一比或者折一折。

……

思考：思考经验的获取是培养学生思维模式和思维方法的重要渠道，这些成分对学生开展创新性活动具有十分重要的奠基作用。本环节的教学创新之处在于让学生经历了思维的内部操作活动，如让学生闭眼想象该怎样拼，拼成的图形是什么样的等，更重要的是让学生进行整节课的学习反思，学生在反思中不但进一步厘清了知识脉络，而且回顾了知识探究的历程，在思维方式上受到"验证方法多元"和"不完全归纳"思想方法的涤荡，学生的数学活动经验在反思中得到进一步提升。

总之，数学基本活动经验是建立在学生的感觉基础上的，又是在活动过程中具体体现的，与形式化的数学知识相比，它没有明确的逻辑起点，也没有明显的逻辑结构，是动态的、隐性的和个人化的，但它却实在地以无形存在于学生数学学习的有形中，这就需要我们每一位教师心向往之，行动付之。唯有如此，在学生真正理解数学知识，感悟数学理性精神，形成创新能力的同时，丰富而有效的数学活动经验才能在学生数学学习中扎下根基。

第四节　基于经验视角之教学设计管见

　　作为一线教师要想落实"积累数学活动经验"这一目标，就应该在教学设计时结合具体的教学内容，思考如何基于学生的已有经验，让学生在有效的数学探究活动中系统积累、整体建构，从而不断提升学生的数学活动经验，发展学生的数学思维。

一、要善于唤醒学生已有活动经验

　　学生的数学学习通常是建立在已有经验基础之上，这也符合学生的一般认知规律。我们在教学设计时，一定要研究学生在学习某一内容时已具备了哪些数学活动经验，以便找到学生数学学习的最近发展区，让新学的内容能主动纳入学生的原有知识结构体系中去。

　　如在教学三年级下册（这里指旧版苏教版教材）"面积单位"这一课时，教材中是让学生用书或文具盒去摆一摆自己的课桌面，从而激发学生探究内驱。但我们基于经验视角设计本节课时，联想到学生在二年级学习长度单位时是引导学生用不同的方法测量课桌的长度，由于测量工具不统一而产生了"统一测量单位"的内需。基于此，我们不再让学生去操作，而是出示了主题图（如图1-2所示），让学生回想当初学习长度单位时是怎样学习的？然后直接出示教材P78的主题图（如图1-3所示）让学生根据已有经验讨论遇到"测量课桌面的面积所使用的工具不一致时该怎么办？"学生一致认为应该有统一的标准——面积单位。在随后的设计中，我们重点是让学生在操作中感悟为什么要用正方形的面积来作面积单位。

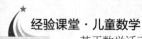

图1-2　量一量，课桌有多长？

图1-3　算一算，面积计算

　　教材中"面积单位"主题图设计的意图主要是激起学生的认知冲突，引发学生积极探寻统一的面积单位，而上述过程，正是基于学生已有认知，直接唤醒并调用学生的已有经验，让学生明白了"为什么学"，从而产生价值认同感。

二、要系统积累学生数学活动经验

　　学生的数学活动经验是一个长期积累的过程，不可能通过一次学习活动就能形成某类经验，这就要求教师要有系统思维，在课堂教学中要有机渗透，不断关注。比如，猜想、探究与归纳经验的积累，它需要有一个螺旋上升的过程，在第一学段主要是让学生感悟并积累，而到了第二学段主要是让学生运用并提升。

　　如三年级学生在学习"长方形和正方形面积计算"一课时，在探究环节，教师让学生用自己准备的24个面积为$1cm^2$的小正方形拼摆出不同的长方形，受思维定式，孩子们拼出的长方形有惊人相似之处，面积一般都为$24cm^2$，见表1-3：

表1–3　　24个面积为1cm^{2}的小正方形拼摆出不同的长方形

	长（cm）	宽（cm）	面积为1cm^{2}正方形个数	面积（cm^2）
长方形	24	1	24	24
	8	3	24	24
	12	2	24	24
	6	4	24	24

学生在实验数据面前，通过讨论、交流很快得出：面积为1cm^{2}的正方形个数就是拼成长方形的面积、长方形的面积等于"长×宽"等结论。针对这样一种情况，我们在教学设计中要做好充分的预设，不能让学生仅停留在获得结论的层面上，而应该进一步设问：对于你们发现的结论，是否所有长方形都有这样的关系呢？从而引导学生意识到他们所举的例子情况比较单一，面积都是24cm^2。如此的设计，学生们一定会想：对呀！其他长方形也具有这样的特征吗？学生们继续动手探究。在实际教学中，同学们又举出了如表1–4所示的拼摆情况：

表1–4　　24个面积为1cm^{2}的小正方形拼摆出不同的长方形

	长（cm）	宽（cm）	面积为1cm^{2}正方形个数	面积（cm^2）
长方形	9	1	9	9
	9	2	18	18
	6	3	18	18
	5	4	20	20
	6	2	12	12
	……	……	……	……

在大量数据面前，学生们心悦诚服，一致认为：长方形的面积就等于"长×宽"。上述过程虽简单，但对于三年级的学生来说并不简单，他们在学习中充分经历了不完全归纳的过程，积累了猜想、探究与归纳的数学活动经验。因此，要想得出一个科学的结论，最好能举出比较多的例子看看各种情况是否都符合，这样的结论可信度才更高。而到了高年级，就需要培养学生们自觉调用这样的经验，并不断完善各自的经验系统。如学生在五年级学习"圆的周长"

一课时，学生们马上意识到应该找大小不同的圆进行测量计算，看看圆的周长与它的直径之间到底存在什么内在联系，如此才能让结论更具代表性。学生通过合作探究发现：圆的周长总是它直径的3倍多一些。

事实上，在数学教学中一定要关注学生数学活动积累的序列性和系统性，教师要注意梳理教材中有哪些典型题材能分别承载不同数学活动经验的积累与提升，要基于经验视角寻找不同教学内容之间的内在关联性，在学生数学活动经验积累方面要注意螺旋上升，不断提高要求。

三、要整体建构学生数学活动经验

在2011年版数学课程标准出台后，教师逐渐有了"经验视角"的意识，但明显缺乏整体建构的思想。在教学设计时"整体建构学生的数学活动经验"包含两个方面：一方面是长程设计，即学生的数学活动经验积累需有系统思维，这在前面已有阐述；另一方面是课堂突破，即根据课时教学内容有重点地让学生积累某方面的数学活动经验，一般要围绕"为什么学？怎么学？学得怎样？"整体建构课堂教学。因为经验的积累最终是要提升学生的学习力，而如此的课堂教学结构必将更利于学生积累数学活动经验，从而学会学习。

如在教学三年级"面积单位"一课时，在上述第一环节我们已经解决"为什么学"的问题，并唤醒了学生的已有经验，接下来就是要解决"怎么学"的问题。在教学设计中，首先可以安排这样四个导学话题让学生进行自学、讨论并进行面积单位的建构。第一是"说"：边长是（　　　）的正方形，面积是1（　　　）；第二是"拿"：从学具盒里拿出相应的面积单位；第三是"比"：用手势比画这个面积单位有多大；第四是"找"：找一找身边哪些物体表面的面积接近这个面积单位。学生在"说、拿、比、找"这样的导学流程中进行翔实交流，每一名学生都努力寻找面积单位在生活中的原型，在交流中不断丰富着每一名学生的体验，使抽象的概念具象化，更重要的是学生在充分表达的过程中学会了合作、分享与迁移，在细节处彰显学生的思维品质，学生充分经历了面积单位自我建构的全过程。学生在一节课中"学得怎样"，实际是对知识巩固、经验提升的重要环节，教师在教学设计中绝对不可忽视。在本节课中，我们设计了如下环节：

环节1：在下面的括号内填上合适的单位

数学书封面面积大约是4（　　　）；　　　方桌面面积大约是64（　　　）；

操场面积大约是3600（　　　）　　　数学书封面的长大约是24（　　　）；

信封的面积大约是200（　　　）；　　　信封的面积大约是2（　　　）。

学生口头回答后进行辨析：①同样是讲数学书的封面，填的单位为什么不一样？②同样是讲信封的面积，你认为200平方厘米和2平方分米之间到底有怎样的关系呢？

环节2：总结反思，提升经验

今天的学习你有什么收获？还有什么疑问吗？

学生对面积单位的认知应是立体的，而非线性的，而此环节恰能体现出此目的，学生在生活中能找到更多关于面积单位运用的原型，使学生对面积单位的认识更丰富完整。教学设计中关于"数学书封面"的题，提高了学生的辨析能力，完善了认知；关于"信封面积"的题引发了学生的理性思辨，再次点燃了学生的求知欲望。在总结反思环节，相信学生一定会追问：还有其他的面积单位吗？不同的面积单位之间有怎样的联系呢？事实上，在实际教学中，学生不仅问出了这些问题，还说了自己的收获：我们是通过"说、拿、比、找"来学习今天内容的。已有问题解决了，学生能体验到学习成功的快乐，但新问题又产生了，教师将带领学生继续探求。如此，教学便体现出"整体建构"的思想，既让学生长了知识、积累了经验，又增长了智慧。

数学活动经验之教学目标是隐性的，如何使之显性化，我们应该认识到在具体实施过程中的长期性和艰巨性，每一位数学教师在教学设计的过程中都应当树立强烈的"经验意识"，要善于从学生实际出发，设计有助于学生自主学习的问题情境，促使学生主动地、富有个性地学习，不断提高发现问题、提出问题的能力，分析问题和解决问题的能力。在教学设计和实施过程中要系统建构，要善于引导学生通过实践、思考、探索、交流等，在获得数学基础知识、基本技能、基本思想的同时也能不断积累和提升基本的活动经验。

第 二 章

基于数学活动经验的教学模型

第一节　数学概念课教学模型

　　"图形与几何"领域的概念教学是一线教师经常遇到的一种课型，这一类课的内容一般是针对"定性把握和定量刻画的数学知识"而言，看似简单，实质上学生在建构概念时还是有相当难度的，往往暂时记住了概念，但不甚理解。如何让学生经历从经验到知识的过程，也就是经历数学化的过程，我以为当围绕"为什么学这些概念？怎么学？学得怎样？"来建构我们的课堂教学，也即"图形与几何"领域的数学概念课教学应具有"基于经验、经由经验、发展经验、提升经验"的一般模型。通过这种模型教学，可以使学生更好地了解数学知识的来龙去脉，为师生提供一种思考、描述、处理、解决问题的模式，从而自然实现当前的三维目标。下面我们将以国标本苏教版三年级下册"面积单位"的教学为例，具体谈一谈。

一、基于经验，引发生长

　　学生总是带着自己的已有经验进入课堂的，在概念教学时，教师要充分了解学生已具备了哪些学习经验，只有基于学生的已有经验才能唤起学生学习的内驱，并进行概念的自我建构。事实上，学生在二年级学习比较物体的长短时，就积淀了要用统一长度单位的经验。为此，本节课教学首先为学生提供了测量课桌面的主题情境，意在激发认知冲突，唤醒学生的内在体验，并引发知识的自然生长。同时，也让学生充分体会到学习"面积单位"的必要性。

1. 情境启思

　　（出示主题图）

师：每个小朋友各是怎样测量桌面的？分别得到了怎样的结果？

生：第一个小朋友用书测量的，桌面大约有6本书的封面这么大。

生：第二个小朋友是用文具盒测量的，桌面大约有10个文具盒面这么大。

师：以你测量长度的经验，你想对他们说什么呢？

生：测量课桌面的大小应该有统一的标准，否则表达很困难。

师：是啊！测量课桌面的大小也应该用统一的标准，那老师这儿带来了"○、△、丨、□、▭"，你准备选哪个图形来测量呢？

生：选正方形。

生：也可以选长方形。

（几乎所有学生都认为"○、△、丨"不行，其中"○、△"在测量时会有缝隙，而小棒"丨"是用来测量长度的）

师：看来，长方形和正方形均能用来测量课桌面的大小，但到底哪一个更合适呢？教材中有这样一句话"为了准确测量或计算面积的大小，要用同样大小的正方形的面积作为面积单位。"那刚才我们认为正方形和长方形都能用来测量课桌面的大小，而教材中又为什么这样规定呢？

评析：主题图唤醒了学生的已有经验，但一波未平一波又起：既然长方形和正方形都可以用来测量课桌面的大小，可教材中为什么又要规定"要用同样大小的正方形的面积作为面积单位"呢？教师根据历次教学这一内容的经验，发现这正是孩子们在学习过程中极易产生的一个疑点，故紧扣细节，激发了学生进一步探究的内需。

2. 操作解疑

学生动手操作（同桌两人，一人用长方形来测量课桌面的大小，另一人用正方形来测量课桌面的大小），然后进行交流分享。

生：用正方形摆的课桌面，正好用了24个小正方形。

生：我用长方形摆的课桌面，正好用了20个小长方形。

师：你是怎样摆的？

生：我是把长方形横着摆的。

生：我也是用长方形摆课桌面的，但是是竖着摆的，摆不满，有空余的地方。

师：你们两位都是用相同的长方形来测量课桌面的大小，可为什么出现了两种不同的结果呢？你们有什么想要说的？

生：看来用长方形来测量课桌的大小并不方便，还需要"认方向"。我认为还是用正方形来测量课桌面的大小比较好，它不需要"认方向"就能测量出课桌面的大小。

师：这就是我们今天这节课要研究的问题"认识面积单位"。

评析：学生课桌面的面积正好是24平方分米，教师在此处巧妙设计了用正方形和长方形两种规格的纸片让学生进行测量，在测量中学生深深体会到用正方形作为"面积测量标准"的优越性，并对教材中的规定建立了认同感。在操作中解疑，顺应了学生思维发展的轨迹，同时也为学生自主建构面积单位的概念埋下了伏笔。

二、经由经验，建构表象

经验的积累是在学生的学习过程中逐步实现的，教师一定要让学生充分经历概念的形成、建立的全过程。事实上，概念的建立要从生活中逐步抽象，要让学生经历数学化的过程，建立丰富的表象才能达到真正的理解状态。我以为，针对概念教学，教师切不可苦口婆心地教，而应给学生几个数学"大问题"，让他们围绕"大问题"学会自学，学会表达，学会找生活中的原型进行自我建构，才是此类课教学的基本方向。

1. 问题导学

自学课本P78~79，至"想想做做"上面结束，边读边思考（可以把认为重要的地方圈圈画画）：

（1）书中介绍了哪几个面积单位？

（2）每个面积单位各是多大的正方形？

2. 互动体验

要求：

说一说，边长是（　　）的正方形，面积是（　　）；

拿一拿，从学具盒里拿出相应的面积单位；

比一比，用手势比画这个面积单位有多大；

找一找，身边哪些物体表面的面积接近这个面积单位。

评析：上面第一个环节的教学即是让学生围绕两个较大的数学问题进行自学教材，意在让学生在较短时间内能把握教材中要学习的主要内容，从而使学生初步学会自学。由于面积单位的概念较为抽象，故教师在第二个环节中通过让学生"说、拿、比、找"这一流程式的体验方式让学生初步建立概念，这实际上是对第一环节中两个数学大问题的进一步建构。但总体来说，这两个环节还是较为粗放的，只是给了学生自我学习和自我表达的机会，对概念的真正理解和建立还需进一步深化，因为我们的数学教学应该是面向全体学生，即数学教学应有具体的个人意识，而不能只面向部分学生。

3. 建构分享

（1）认识1平方厘米。

生：我介绍的是"1平方厘米"，边长是1厘米的正方形，面积是1平方厘米。（该生从学具盒内拿出了"1平方厘米"的模型进行了展示）

（生用手势比画出了一个类似的小正方形）

生：我的一个门牙面的面积大约是1平方厘米。

生：我的一个小拇指指甲面的面积大约是1平方厘米。

生：我的一个纽扣面的面积大约是1平方厘米（该生还用手中1平方厘米的小正方形模型在自己的纽扣上进行了比画）。

……

师：请同学闭上眼睛想想，1平方厘米到底是多大的一个正方形呢？能在你的脑中想到一个物体面的面积大约是1平方厘米吗？

（集体再次用手势比画了1平方厘米的大小）

（2）认识1平方米。

生：我介绍的是"1平方米"，边长是1米的正方形，面积是1平方米。

（请学生以4人为一个学习小组，将手尽可能拉直围成一个正方形来比画1平方米的大小。同时，老师又拿来一块1平方米大小的正方形吹塑板展示给同

学看）

师：如果我把这块1平方米的正方形吹塑板平放在地上，让同学们站上来，请你们估计一下，它上面能站多少名学生？

（学生的回答有：20人、10人、15人、8人等，而后教师请部分学生到上面来进行实际站位，最终站了16人）

师：刚才1平方米大的地方站了16人，看了后你们有什么感受？

生：1平方米很大。

师：1平方米实际大小在我们生活中你们见过吗？请你们举些例子好吗？

生：我家饭桌面的大小约是1平方米。

……

（3）认识1平方分米。

生：我介绍的是"1平方分米"，边长是1分米的正方形，面积是1平方分米。（该生同时从学具盒里拿出了1平方分米的模型）

（生用手势进行了比画）

师：请同学们都像刚才那位同学一样比画，并用它来拍一张照片好吗？（学生们一起进行了愉快的拍照活动）

生：我们教室内开关盖面的面积大约是1平方分米。（教师很快用手中1平方分米的模型到开关盖面上进行了证实）

……

评析： 如果说，上面的第一、二环节是"放"的话，第三环节就是"放中有收"，把学生的学习过程进行了充分展开和展现，在细节处彰显学生的思维品质是本环节的特点。学生在第二环节问题的引导下进行翔实交流，每一名学生都努力寻找面积单位在生活中的原形，在交流中不断丰富着每一名学生的体验，使抽象的概念具象化。更重要的是学生在充分表达的过程中学会了合作、分享与迁移，充分经历了面积单位自我建构的全过程。

三、发展经验，深化思维

概念初步建立后，需要有一个实际运用的过程，而这一过程应更多地体现呈现方式的多样化，题材的多元化，以让概念的建立由点、线、面架构成立体的块状方式印在学生脑海中。如此，学生的经验才能够更丰润，体验才更深刻，同时也让学生的思辨能力得到深化。

1. 选一选

（1）6平方厘米：橡皮的一个面（　　　）；教室的地面（　　　）；指甲面（　　　）。

请同学们摆一摆，摆一个6平方厘米的长方形。（学生摆后汇报，两种情况，如图2-1所示）

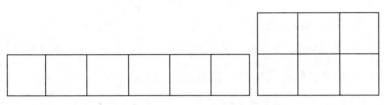

图2-1　将六个正方形改为长方形

师：面对这两个图形你想说什么？

生：它们都是6平方厘米。

师：为什么都是6平方厘米？

生：因为都用了6个1平方厘米的正方形摆成的。

师：那你有什么发现？

生：它们的面积用了几个1平方厘米，就是几平方厘米。

师：那请你们回顾一下，课桌面的面积是多少平方分米？

生：是24平方分米，因为在测量时用了24个1平方分米的小正方形。

（2）4平方分米：邮票（　　　）；打印机（　　　）；多媒体幕布（　　　）。

（3）15平方米：红领巾（　　　）；厨房地面（　　　）；练习册封面（　　　）。

2. 你知道吗？（配图出示下列各题，请学生自由阅读）

银行卡的面积约46平方厘米。

100元人民币的面积约120平方厘米。

文具盒的面积约160平方厘米。

手帕的面积约4平方分米。

课桌面的面积约24平方分米。

教室的面积约60平方米。

标准篮球场的面积约420平方米。

小河中心小学的建筑面积约20000平方米。

评析： 此环节是对"面积单位"的实际运用，它需要学生在脑海中有效调用相关表象，合理分析后作出选择。教师为了让学生能够合理判断，在练习题"6平方厘米"呈现出来后，为学生搭建了思考的"脚手架"——动手摆，这既唤起1平方厘米在学生脑海中的表象，同时也是让学生学会思考，并进一步建立"几个相同面积单位组成的图形，其面积就是几平方……"，当然也是由1个面积单位向几个面积单位的图形或物体表面大小的提升过程。同时，通过实际生活的相关例证"你知道吗"以加深学生对面积单位丰富表象的建立。

四、提升经验，完善认知

师：学了今天这节课，请你们猜一猜，可能还有哪些面积单位呢？

生：平方毫米、平方千米。

师：今天的学习你们还有什么疑问吗？

生：没有了。

师：你们没有问题，老师这儿还有一个小问题想问问大家"cm^{2}和m^2"这两个符号知道是什么吗？

生：……

师：看来，自学课本时还需要认真、仔细，这样收获才能更大，是吗？

师：你们能说一说这节课的收获吗？

生：我们是通过"说、拿、比、找"来学习面积单位的。

生：要想记住每个面积单位的实际大小，最好要找到一个参照物。

……

评析：此处虽然是一个简短的师生交流，但却是一个不可或缺的环节。它不仅引发学生进一步猜想可能存在的面积单位，激发进一步学习的内在动力。同时，也在师生的交流中让学生进一步梳理了学习面积单位的方法，完善了认知，提升了学力，让此类经验在今后的学习中能得到更好地应用。

五、思考

1. 让经验这双隐形翅膀高飞

当前的小学数学课堂教学，教师在很多时候并没有很好思考如下问题：学生为什么要学习这方面的内容？学习这些内容的学生已具备了哪些经验？通过学习，可以帮助学生获取或提升哪些基本数学活动经验？随着2011年版数学课程标准的出台，教师逐渐有了"经验视角"的意识，但明显缺乏系统构思。事实上，对数学活动经验的分类，专家们也一直没有定论，但细细考量，如下数学活动经验的积累值得关注：观察、操作、交流、体验、猜想探究、归纳和推广活动经验。"面积单位"一课的教学借助学习长度单位的经验，让学生在丰富的数学活动中积累了操作、交流和归纳等基本数学活动经验。在经验这双隐形翅膀高飞的同时，孩子们的学力得到明显提升，思维得到快速发展。

2. 让经验引领课堂的航向

在强调"四基"的今天，我们理应不能有所偏废，但由于教师长时间受应试教育的影响，对"双基"的关注度明显要高。而在当下，让孩子们的学力得到提升应该成为教育者们的共识，在数学学科表现为要学会学习、学会思考等，这不得不提醒我们应让数学经验引领课堂的航向，即要用"基于经验、经由经验、发展经验、提升经验"这样的模型来构建当前的小学数学课堂，尤其是图形与几何领域的概念课教学更当如此，但在强调数学教学模型的价值和作用的同时，应尽量避免泛模型化倾向。

第二节　数学"探索与实践"教学模型

在现行国标本苏教版小学数学教材中有专门的"探索与实践"教学板块，它主要是让学生综合运用所学相关知识解决实际问题，并在解决问题的过程中获得基本的数学活动经验，这种经验就是发现问题、提出问题，进而分析问题和解决问题的直接经验。由于它在教材中的篇幅甚少，一线教师往往容易忽视，为充分发挥它的教学价值，笔者及团队成员们基于经验视角对此板块进行了教学模型的专题研讨。下面仅以五年级上册教材P81中的"探索与实践"内容为例进行简要阐述，以求同行关注。

一、在情境驱动中唤醒

教材开始的问题为：了解5名同学的身高各是多少，再求出他们的平均身高。这样的一个数学问题并不复杂，但如何处理却是一门艺术。数学教学的价值在于唤醒学生的已有经验，引发学生的数学思考。课始，教师出示了一组体育明星"林丹、姚明"等人的照片图，追问学生："你们知道姚明的身高是多少吗？"学生："2.26米。"如此，学生的参与欲已被激起。但就"平均数"而言，有它更深层次的数学内涵，不仅仅是解决几名学生的平均身高，更重要的是通过一组信息的求解，要让学生对"平均数"的含义理解更深刻，当然也让学生面对数学情境时能主动思考，思维品质得到提升。我们是这样处理的：

师：知道了姚明的身高，我也想随机了解班上5名同学的身高，好吗？

5名同学的身高如下：1.47m、1.5m、1.39m、1.4m、1.39m。

师：根据这5名同学的身高，你们能从数学的角度提一个数学问题吗？

生：这5名同学的平均身高是多少？

师：会求吗？

生：会。

师：不急，请你们先估计一下，这5名同学的平均身高大致在什么范围内？

生：在1.39m~1.5m之间，因为平均数一定在最大数和最小数之间。

师：那请同学们自己计算一下，看看这5名同学的平均身高到底是多少。（学生计算后，请学生到台前进行了讲解，说明了解答思路）

师：那求5名同学的平均身高还有其他方法吗？（学生面露难色，均表现出没有的神色）其实，在你们计算时，我稍微看了一下，就知道答案了，谁知道窍门吗？（学生开始窃窃私语）

生：我知道，老师一定是找了一个基准数，比如，是"1.4m"，然后把这5名同学的身高都与这个基准数进行比较，此时你会分别记录下："+0.07、+0.1、-0.01、0、-0.01"，这5个数算下来是0.15m，再把这个0.15m平均分配给5名同学就可以了。（学生自发给予掌声）

师：这名同学真有数学的眼光，其实他的想法正体现了"平均数"的本质特征——移多补少。

师：我们已经知道5五名同学的平均身高了，此时，如果把姚明的身高加进来，那6个人的平均身高是变多了还是变少了？

生：多了。

师：你会求吗？（学生开始动笔算，但也有部分学生不动笔，已开始举手，师示意举手的学生在班中进行交流）

生：前面我们已经算出5名同学的平均身高是1.43m了，根据刚才"移多补少"的经验，我只要求"2.26减1.43的差再除以6，得到的商加上1.43的和"就可以了。（其他学生听他这么说也都停笔不算了，教师适时用多媒体出示了过程图，如图2-2所示）

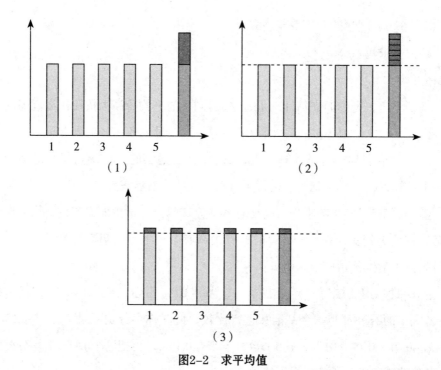

（1）　　　　　　　（2）

（3）

图2-2　求平均值

师：如果增加的一个人不是姚明，但这个人加进来之后，6个人的平均身高没有发生变化，那第6个人的身高是多少？

生：第6个人的身高就是1.43m。

……

教材只是给了师生活动的一个话题，但教师化静态教材为动态化处理，让学生在真实情境的驱动下，积极思考，不断寻求最优化的问题解决方案，在问题解决的过程中唤醒了学生对"平均数"内涵的理解和提升，让学生感受到了数学的意趣之美，感受到了学习数学其实更多的是为了解决生活中的实际问题。

二、在问题探索中积累

教材中呈现的第二个问题是给了一幅"江门小学图书馆的平面图"，求图书馆各边的实际长度与图书馆的占地面积。为了让学生进一步感受到数学就在同学们的身边，数学的问题就来源于生活。教师把教材中的素材转换成了"本校学生操场的平面图"，并改变了相关数据，问题不变。当教师把信息呈现给学生时，如图2-3所示。

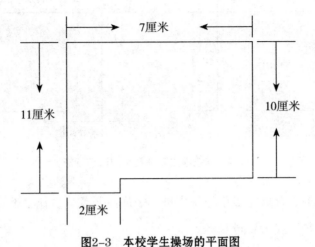

图2-3　本校学生操场的平面图

师：看了这幅图，你们想到了什么？

生：学校操场的每条边实际有多长啊？

生：我想知道学校操场的面积到底有多大？

师：那根据图中的条件，能求出你们提出的问题吗？

生：不能。老师应该告诉我们每条边的实际长度，我们才能求出操场的实际面积。

师：那我现在告诉你们'操场每条边的实际长度是平面图上的1000倍'，那你们会求所提出的问题吗？

（学生开始自主探索相关问题，然后以小组为单位，重点让学生展示了求操场实际面积的不同思路，以下为学生交流时出现的四种方法，如图2-4所示）

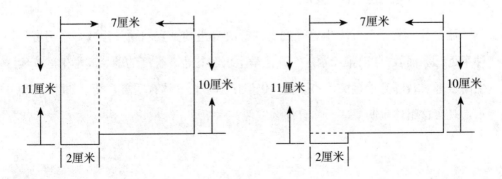

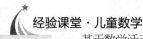

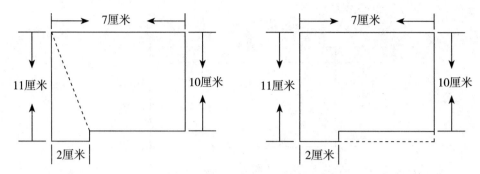

图2-4　本校学生操场面积的四种方法

（在总结时，教师重点引导学生进行了回顾与反思，让学生对上述四种方法进行辨析比较，找出异同点。）

生：由于我们学校的操场是一个不规则的图形，要想求出它的实际面积，就要想办法把它变成规则图形，上面四种方法其实都是把它变成了规则的图形。

生：前面三种方法都是用分割的思路进行解决，而第四种是用"补"的思想进行解决。

……

当学生遇到操场的相关信息时，想到了操场的每条边实际长度是多少，面积有多大，在这个过程中学生的问题意识被激发。特别是在问题解决的探索过程中，学生通过动手操作、自主思考，并在互动交流过程中数学思维的窗户被打开，学生们在探索交流中互相启发，积累了转化的数学活动体验。

三、在实践应用中沉淀

数学教学就是要让学生感受到是在解决身边的真实问题，让数学学习有一种亲近感。而教材P81第12题是一道让学生求解花边总长度的题，离学生的真实生活较远，教师为承接课始的话题，仍然出示学校"体育明星"墙，如图2-5所示，观察这组体育明星墙，你有什么发现？

图2-5 "体育明星"墙

生：每两位明星之间都隔着一块黄色的空隙。

生：每位明星所占的展板的面积一样大，而且每位明星展板之间的间隔也一样大。

生：这组明星墙当中其实隐含着我们四年级时学习过的"间隔找规律"的数学问题。教师只要告诉相关数据，我们就能求出这个明星墙的实际长度。

师：行，我告诉同学们'每位明星展板所占的长度是3米，间隔是1米，一共有15位明星'，你们试着求这面明星墙的实际长度吧！

学生试算后交流，主要出现了如下两种算法：

第一种方法：$15 \times 3 = 45$（米），$15 - 1 = 14$（个），$1 \times 14 + 45 = 59$（米）；

第二种方法：$3 + 1 = 4$（米），$15 \times 4 = 60$（米），$60 - 1 = 59$（米）。

学生对上述两种方法分别进行了论述。此时，教师才把教材的习题素材呈现出来，但并不是要求学生进行数学解答，而是给了学生创造的空间，让学生设计一条花边：先确定每朵花的宽度、每两朵花之间的距离及花的朵数，最后再算出花边的总长度。做完后还要求学生量一量，看看花边的实际长度与算出的是不是一样。在此后的活动与交流中，我们欣喜地发现，学生的设计非常丰富，间隔排列的三种情况均出现了：两端都是花，两端都不是花（都是间隔）；一端是花一端是间隔。在这个创造的过程中，学生们有的在激烈地讨论方案、有的在设计、有的在计算、还有的在测量，每一名学生都在积极主动的参与其中。

现行苏教版教材中的"探索与实践"课，一般安排两至三个话题（或问题），略显单一，故一线教师面对这些素材时要能主动建构，让静态教材变得生动有趣，使学生乐学、愿学，这将是每一位数学教师应当思考的。本节课中，教师主要是通过情境的驱动、问题的探索、实践的创造让学生经历了数学学习的全过程。学生在数学学习活动中主动观察思考，问题意识得到激发与培养。在课堂中动手操作与同伴交流，让学生多种感官的体验更加丰富，思维不断得到优化，同时积累了如何思考、如何表达等多种数学基本活动经验。总之，数学"探索与实践"课一定要让学生在丰富的数学活动中体验，应该说只要让学生经历了特定的数学活动就能让学生积累相应的数学活动经验。

第三节 "常见的数量关系"教学模型

在具体情境中了解常见的数量关系，并运用这些数量关系解决简单的实际问题是《义务教育数学课程标准（2011年版）》第二学段"数与代数"部分的内容之一。苏教版教材四年级下册结合"三位数乘两位数"的计算教学，重点安排了两类数量关系的抽象与概括：一类是单价、数量和总价之间的关系；另一类是速度、时间和路程之间的关系。

考虑到学生在日常生活和以往的数学学习中，已经积累了很多关于上述数量关系的具体认识，能依据乘、除法运算的意义解决求几个相同加数的和以及有关平均分的简单实际问题，只不过对这些具体的数量关系尚未进行有意识的抽象概括。尤其是，大部分学生对"单价""速度"等单位数量的理解还停留在生活经验层面，内涵认识不清，表达不够规范。为此，确定本课的教学重点有三个：一是引导学生充分经历抽象与概括的过程，体会"单价×数量=总价""速度×时间=路程"是十分常见的数量关系模型，知道这些数量关系模型对于解决实际问题的意义和价值；二是正确理解"单价""速度"这两个概念的内涵，初步学会用规范的方式表达具体情境中的单价和速度；三是结合上述数量关系的应用过程，进一步加深对乘、除法运算的意义的理解，不断增强主动建构数量关系模型的意识和能力。

片段1：抽象概括"单价、数量与总价"的关系

师：同学们，你们去过超市买东西吗？购买商品后，营业员都会给一张购物清单，知道上面都有哪些信息吗？

（出示一张如表2-1所示的超市购物清单）

师：请大家仔细观察这张购物清单，看看你能从中得到有关本次购物的哪些信息？

表2-1　购物清单（1）

商品名称	数量	单价	小计
茶叶蛋	4	1.50	6.00
面包	6	2.00	12.00
酸奶	2	3.00	6.00

（合计：22.00　　收款：30.00　　找零：8.00）

生：买了4个茶叶蛋，每个1元5角，应付6元；买了6个面包，每个2元，应付12元；买了2瓶酸奶，每瓶3元，应付6元。

生：几种商品一共应付22元，实际付出30元，找回8元。

师：老师有一个问题，你们怎么知道茶叶蛋买的是4个而不是4袋，酸奶买的是2瓶而不是2箱？

生：如果茶叶蛋买的是4袋，每袋有几个，那么单价一定不是1.50元；同样的道理，如果酸奶买的是2箱，每箱有好多瓶，那么单价更不会是3.00元。

师：说的有道理。不过，老师觉得如果清单上把单位名称标注清楚要好一些。大家能根据自己的经验，把表中数据的单位名称补充完整吗？

生：茶叶蛋的数量是4个，单价是1.50元，小计是6.00元；面包的数量是6个，单价是2.00元，小计是12.00元；酸奶的数量是2瓶，单价是3.00元，小计是6.00元。

师：老师觉得商品的单价用"元"作单位还不够清楚，因为还是不知道这里的单价究竟是每个或每瓶的价钱，还是每袋或每箱的价钱。

生：那就在茶叶蛋的单价里写明"每个1.50元"；在面包的单价里写明"每个2.00元"；在酸奶的单价里写明"每瓶3.00元"。

师：你表达得很清楚。事实上，上面这些单价的规范写法应该是"1.5元/个""2.00元/个""2.00元/瓶"，分别应该读作1.50元每个、2.00元每个、3.00元每瓶。你能重新写一写每种商品的单价，并读一读吗？

学生各自写一写、读一读。

师：像这样的一种单位称为复合单位。

师：现在谁能概括地说说什么是商品的单价吗？

生：单价就是每个东西的价钱。

生：单价就是每个商品的价格。

师：你们所说的"每个商品"是指？

生：每个、每包、每袋、每瓶、每箱等。

生：也可以是每克、每千克、每吨等。

生：还可以是每500克，因为500克就是1斤，很多商品都是按这个标价的。

师：同学们理解得都不错，单价的意思确实是指某个单位数量商品的价格。这里所说的单位数量，可以是每个、每袋、每箱，也可以是每克、每千克，等等。那么，表中的"小计"又是什么意思？

生：小计就是买某种商品一共应付的钱。

生：小计就是某种商品的数量与单价的乘积。

师：是的，表中小计的钱数确实是购买某种商品的数量与该商品单价的乘积。事实上，商品数量与单价的乘积也叫作"总价"。现在，谁能概括地说说单位、数量和总价的关系？

生：单价×数量=总价。

生：数量×单价=总价。

（板书：单价×数量=总价）

师："单价×数量=总价"是实际生活中常见的数量关系之一。应用这个关系可以解决很多实际问题。出示表2-2。

表2-2 购物清单（2）

	单价	数量	总价
钢笔	12元/支	4支	（　　）元
练习本	3元/本	（　　）本	15元
文具盒	（　　）元/个	2个	38元

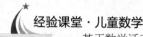

师：你们能根据上面总结的数量关系依次解决上表中的几个问题吗？

（学生各自列式计算，并完成填空）

师：通过解决表格中的问题，你们认为上面总结的数量关系还可以用怎样的形式来表示？

思考：小学数学教学中很多知识都是从日常生活现象中抽象概括出来的。教学的内容与学生的生活背景越接近，学生接纳并理解知识的积极性就越高。购物是学生在日常生活中经常会亲身参与的一项活动。在这项活动中，尽管学生未必能够清楚地意识其中的数量关系，但他们通常都能利用生活经验正确理解其中的关系信息，进而顺利地解决问题。正是基于这样的考虑，课的开始，呈现了一张真实的购物清单，先让学生利用经验说说对相关信息的理解，再通过深入的师生交流帮助他们逐步明确单价、数量和总价的含义，学会规范地表达购物活动中的各种数量。同时，引导学生在理解相关概念内涵的过程中自主归纳相应的数量关系，体会"单价×数量＝总价"是实际生活中常见的数量关系模型。在此基础上，鼓励学生应用刚刚总结的数量关系解决简单的实际问题，一方面可以进一步感受相关数量关系的实际应用价值；另一方面也启发他们从不同角度理解上述关系，体会不同表达形式的内在关联。

片段2：迁移类推"速度、时间与路程"的关系

师：在我们生活中，常见的数量关系还有很多。同学们想不想继续了解？

（出示文字信息：暑假期间，小明一家人去内蒙古旅游。他们在乌梁素海景区坐了游船。游船每分钟行驶35米，一共行驶了40分钟；在镜人湖沿着一段长4000米的景区大道骑了20分钟的自行车；在返程时乘坐从包头到南京的飞机，飞机每小时飞行900千米，飞行的总路程大约有1800千米）

师：用数学眼光来看，这段文字里面含有几种不同的量？

生：游船行驶的速度和时间，自行车行驶的时间和路程，飞机飞行的速度和空中飞行的距离。

师：景区大道的长度是路程，飞机飞行的空中距离也可称为路程。你们能求出游船行驶的路程吗？

生：用每分钟行驶的路程和行驶的时间相乘，列式为35×40=1400（米）。

师：每分钟行驶的路程就是游船行驶的？

生：就是游船行驶的速度。

师：谁能试着解释一下"速度"的含义吗？

生：就是每分钟、每小时或每秒钟行驶的路程。

师：这么说，上面文字中飞机的飞行速度是多少？自行车的行驶速度呢？

生：飞机的飞行速度是每小时900千米，自行车的行驶速度可以用4000除以20算出来，也就是每分钟200米。

师：联系"单价的表示方法"想一想，速度的表示方法应该是怎样？

生：每分钟35米可以表示为35米/分、每分钟200米可以表示为200米/分、每小时900千米可以表示为900千米/时。请同学们分别写一写、读一读这三个速度。

（学生各自读、写）

师：通过刚才的讨论，你们觉得速度、时间和路程之间有怎样的关系呢？

生：速度×时间=路程。

生：路程÷时间=速度，路程÷速度=时间。

师：如果从这三个关系中挑出一个，你觉得哪个是最基本的关系？为什么？

生："速度×时间=路程"是最基本的关系，因为另外两个都可以从这个关系中推导出来。

思考：好的数学活动，能使学生在主动参与的同时积极思考，并不断有所感悟。学生在前期的活动中，不仅经历了单价、数量和总价相互关系的抽象概括过程，而且还积累了相应的数学活动经验，因此上面的教学适当整合了理解信息和解决简单实际问题这两个环节，侧重学生联系已有的学习经验主动理解速度、时间和路程的内涵，并在理解内涵的同时归纳出相应的数量关系模型。这样的教学，不仅能使课堂节奏有所变化，而且有助于培养学生的自主学习能力。

片段3：在变化中获得更多的体验

课件出示：

一辆公共汽车在公路上行驶，行驶的时间和路程如表2-3所示：

表2–3　行驶路程和时间表

时间/时	1	2	3	4	……
路程/千米	80	160	240	320	……

师：仔细观察上表中的数据，你们又能想到什么？

（学生独立思考后，组织交流）

生：可以用每个竖栏中的路程除以时间，求出汽车行驶的速度。

生：这辆汽车行驶的速度都是80千米。

生：如果行驶的速度不变，那么行驶的时间越长，行驶的路程也就越远。

……

课件出示：

李老师打算用60元购买笔记本，笔记本的单价和这些钱所能购买的数量如下表2–4所示。

表2–4　笔记本的单价和购买的数量

单价/（元/本）	1	2	3	4	……
数量/本	60	30	20	15	……

师：仔细观察上表中的数据，你又能想到什么？

思考：在帮助学生抽象概括出两个常见数量关系的模型之后，上面的教学引导他们观察并比较两组相互关联的数据，一方面巩固对所学数量关系的理解，另一方面初步感受从变化的角度分析数量关系的方法，体会数量关系之间总是相互依存的。这样的教学，体现了数学知识发生、发展的内在逻辑，能为学生的后续学习提供实实在在的支持。

第四节　积累估算经验的教学模型

　　估算是学生对数学的一种直觉判断，它具有鲜明的个体认知特征，学生的估算经验具有较大的个体差异性。当前，我们的数学教学对学生的估算意识培养在口头上是重视的，但在实际教学中往往是装点门面，放在可有可无的地位。实际上估算意识的养成是学生数学素养提高的重要元素，数学课程标准指出：帮助学生积累估算经验，不仅能增强学生的估算意识，而且还能提高学生的数学应用能力，培养学生用数学的眼光来看待学习与生活中的事和物。以下我们将通过三年级下册"三位数除以一位数的估算"为例，谈谈如何让学生在数学学习中积累估算经验。

一、孕伏估算契机，激发认知参与

　　教师出示下列题组，请学生很快说出下面各题的结果。

$24 \div 2$	$96 \div 3$	$800 \div 2$	$900 \div 3$	$840 \div 4$	$360 \div 3$
$250 \div 5$	$350 \div 7$	$480 \div 8$	$120 \div 2$	$960 \div 3$	$359 \div 5$

　　当学生口算最后一题时，出现了认知冲突：这道题怎么口算啊？由此，教师因势利导，问：$359 \div 5$ 不能很快口算出它的结果，那你能估一估它的结果大约是多少吗？（学生独立想办法进行估算，并把估算的结果记录在自备本中）

　　生：我把它估成 $360 \div 5$，结果是72。

　　生：我把它估成 $350 \div 5$ 是70，这样估起来比较方便，可以直接用乘法口诀来估。（众生附和均认为这样估确实比较简便）

　　师：还可以怎么估算呢？

生：我是把它估成355÷5是71。

生：我还可以把它估成400÷5是80。

生：我认为刚才这位同学这样估是可以的，但是结果偏的太大了，不太好。（众生表示同意）

评析：学生在口算的过程中，思维顺畅，他们交流并分享着，但当遇到359÷5时思维突然"卡壳"：这道题口算答案是多少啊？学生产生了认知冲突，估算的契机自然显现，教师随即发挥了引导者的作用：不能很快算出它的结果，那能否估一估它的结果是多少呢？同学们随即产生较高的学习热情，自觉开始尝试估算此题结果，估算的时候也出现了多种方式，这已完全开启了学生的探究思维，激发了学生参与学习的兴趣。

二、经历估算过程，体验估算方法

师：同学们，你们刚才都有了各自的估算方法，那如果把359改成211，即变成211÷5，你们会估算吗？

生：可以用200除以5来进行估算，结果是40。

师：还有别的方法吗？

（众生没有发表意见）

师：你们为什么都选择用200除以5来进行估算呢？

生：这样可以用乘法口诀直接进行估算，比较方便。

师：噢！原来是这样（师故做明白状）。那如果把它改成"434÷5"呢？

（同学小组内互相交流后汇报）

生：我估算它的结果是80。

生：我用"五九四十五"这一句乘法口诀估算它的结果是90。

师：看来同学们都感觉用乘法口诀进行估算比较方便是吗？（众生表示同意）那如果是359÷6，怎样估算呢？你们想到了几的乘法口诀？

生：我想到用6的乘法口诀"六六三十六"来估算，所以它的结果是60，但估的结果稍微偏大了一点点。（生自发鼓掌）

师：那如果是359÷8呢？

生：可以用"四八三十二"这一乘法口诀进行估算，结果约是40，但稍微偏小一点。

生：还可以用"五八四十"进行估算，结果约是50，这样结果就偏大了些。

师：刚才同学们不计算就能说出结果大约是多少，这就是我们今天新学习的"三位数除以一位数的估算"内容。结合刚才的估算，想想"三位数除以一位数"可以怎样估算？（生讨论后交流）

生：除数是几，就想几的乘法口诀，把被除数看成几百几十的数，有时凑巧的话，也可把被除数看成整百的数。

……

评析：在学生对估算探究兴趣产生的基础上，教师在本环节又充分彰显了教学智慧：没有将如何估算的方法直接告知学生，而是在原先的算式359÷5的基础上进行巧妙的改题，让学生在不同的题目情境中经历估算过程，在相互交流与体验中不断自省，从而感悟到应该用乘法口诀进行估算比较方便，思维从肤浅不断走向深刻。

三、积累估算经验，发展数学思维

1. 基本练习

433÷6，813÷2会估算吗？要求：估一估，结果大约是多少，把你的想法记录在纸上。（学生独立进行思考解答，然后进行汇报交流）

生：433÷6可以用乘法口诀"六八四十八"进行估算，结果约是80。

生：我把433看成420，用"六七四十二"这一句乘法口诀进行估算的（该生还到台前展示了自己的作品：433（420）↓÷6≈70）。

师：同学们，听了刚才这位同学的介绍，你们还有什么不明白的，可以问问他。

生：你在433÷6≈70后面为什么要加一个箭头呀？

生：我把433看成420去除以6，结果约是70稍微偏小了些。（全体学生发出了"哦"，表示理解的声音）

生：那你们两个人，一个估成70，一个估成80，到底哪个更接近正确结果呢?

师:是啊!这是一个多么有价值的问题啊,同学们你们认为呢?(学生们开始自发讨论并进行了交流)

生:应该把433看成420÷6结果约是70更接近,结果如果是80,就多得太多了。

……

生:(带着作品,如右算式)这样估的结果是400偏小了,813(800)↓÷2≈400。

生:(带着作品)813(820)÷2≈410↑,我这样估的结果偏大了。

师:如果要接近,我们为什么不估成810÷2呢?那不是更接近吗?

生:虽然结果会更接近,但不能用乘法口诀了,不方便。(师作顿悟状)

2. 专项训练

(1)把被除数估成多少既方便又能使结果更接近正确的结果?

124÷3   241÷3   235÷3

(2)下面结果中有一个是正确的,你能想办法找出正确的结果吗?在括号里打"√"。

①384÷8。a. 38(   );b. 48(   )。

②243÷9。a. 27(   );b. 37(   )。

(本处专项训练,师生共同对第(2)题进行了重点辨析,且学生均能带着自己的作品到台前进行展示交流,过程如下)

生:384(320)↓÷8≈40,我认为结果应选48。

生:既然你估的算式结果约是40,那你为什么不选38呢?它不是更接近40吗?(全体学生附和:对啊!并都望着刚才回答问题的同学)

生:我把384看成320进行估算,结果已经估小了,所以我认为结果绝对不是38,而应该是48。(众生鼓掌)

生:我是把243看成270进行估算的,如243(270)↑÷9=30,这样结果就估大了,所以结果应该选27。

3. 生活运用（独立解决）

（1）小林买了两个篮球，一共花去了127元钱。小明看见了，也想到商店买一个，他带多少钱比较合适？请你估一估？

（2）每套校服用布3米，现在有620米布，能够做多少套校服？

（3）一年级有144名同学去秋游，准备了3辆车，每辆车有50个座位，够坐吗？

评析： 这一环节教师先通过基本练习让学生用乘法口诀进行估算每道题的结果，并让学生在思辨中感悟到估算的结果有时会偏大，有时会偏小，但为了估算的方便，我们不仅要考虑让结果更接近，同时也要让学生进一步体验到一定要利用乘法口诀来进行估算才最方便，这在学生估算813÷2时体现得非常充分。随后通过专项训练（2）进行选择答案的过程再次让学生感悟估算方法的重要性。在这个环节的教学中主要是让学生在运用中进一步感受估算的方法，积累估算的经验，同时也发展了学生的数学思维。

四、我们的思考

本节课学生的学习具有以下几个特点：

1. 具有较强的目标驱动性

本课开始即通过口算内容让学生产生要估算的内需，而后在教师的引导下，学生的探究欲逐步增强：由只关注题目的得数到关注估算的方法，再到估算方法不同会导致结果的偏大或偏小，思维不断走向深入。学生在本节课的学习中不仅感悟到为什么要学习估算，而且知道如何估算，还知道估算在生活中是可以实实在在运用的，是有其价值性的。

2. 让学生经历了估算的全过程

估算不是瞎估，是有一定方法的，基于学生当前的已有认知水平，教师引导学生用乘法口诀进行估算，但这一方法的产生是学生真实思维的自然流露，没有教师教的任何痕迹。如首先让学生估359÷5的结果，而后再让学生估211÷5、434÷5、359÷6与359÷8这一组算式的结果，学生逐步悟出用乘法口诀进行估算是最方便的，在其后的练习中学生再次感悟到不同的估算方法产生

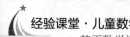

的结果与准确结果之间越接近越好，但还是需要依靠乘法口诀进行估算。

3. 估算经验初步形成

方法是可以教的，如本节课的估算是用乘法口诀进行的，但估算的经验是要靠积累的，是学生感悟与体验的结果。通过本节课的学习，同学们已经感受到什么时候需要进行估算：当不能口算、不需要精确结果时都可以进行估算，当然更多的时候是在现实生活中只需要进行估算而无须算出精确结果，如最后一环节的"生活运用"即是如此；选择哪一句乘法口诀进行估算，能使结果更接近准确结果也是一种经验。学生在形式多样、内容丰富的练习过程中收获着、体验着，估算的经验已自然萌生。

第 三 章

数学活动经验与数学思维

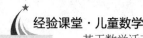

当前，一线教师对学生数学活动经验的积累予以了一定的关注，同时对发展学生的数学思维更是提出多元策略，但针对数学活动经验与数学思维之间的关系及其把控，却少有教师深入思考。其实，帮助学生积累数学活动经验与发展学生的数学思维似鸟儿一对羽翼丰满的翅膀，二者不可偏废。本章节将结合苏教版三年级下册"认识分数（二）"一课对这两者之间的关系试作简述，以飨读者。

一、基于经验，引发思维

根据维果斯基最近发展区理论，学生的数学学习一般是基于学生已有认知水平的。此视角要求数学教学应当充分利用好学生的已有知识经验和生活经验，以激发学生数学学习的内驱，让新旧知识自然产生链接，如此，学生的数学思维活动才能真正生发。早在三年级上册学生已借助"把一个物体平均分"的情况初步认识了分数。故本课伊始，教师仍利用"一块蛋糕"的图片让学生写出一个分数，并请学生到台前介绍其意义及各部分的名称等。学生在回顾中，已有认知被唤醒，原经验被激活：分数是在动手分的过程中产生的。在此基础上，从一个物体向一群（许多）物体的视角漫溯。

片段1：

出示例1：把一盘桃子（6个）平均分给两只小猴，每只小猴分得这盘桃子的几分之几？

学生动手操作后进行交流分享。（学生带着自己的作品到台前进行展示交流）

生1：把（一盘）6个桃子平均分成两份，每份是这盘桃子的 $\frac{1}{2}$。

生2：桃子有6个，平均分给两只小猴，每只小猴分到3个桃子，所以每只小猴分得这盘桃子的 $\frac{3}{6}$。（学生边说边画图进行演示，如图3–1所示）

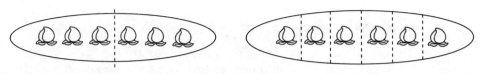

图3-1　分桃子

师：到底是几分之几呢？

学生自觉开始讨论，并拿出自己现场操作的图片进行说理。（不同的学生有不同的观点，只有少部分学生认为两个答案均可，因为从图中看出不管是哪种分法，每只小猴都分到了3个桃子）

这样的场景，教学过这一内容的教师一定似曾相识，既在预设之中，更是自然生成。学生基于"把一个物体平均分成两份，其中的一份是它的二分之一"的已有知识经验，自然想到了生1的分法，认为是 $\frac{1}{2}$ 。但根据二年级学生在生活经验认识除法时即知道，平均分也是可以一个一个分的，故学生分桃时也想到了可以一个一个地分，学生根据图示也自然而然想到了 $\frac{3}{6}$ ，孰是孰非？学生陷入了一种茫然境地，但同时也在急切地追寻"真理"。此时，教师把上述两种分法的图片集中展现在大屏幕上，问：根据题目的意思，你们认为用哪个分数表示更合适些呢？理不辩不明，在比较中，学生把视野慢慢聚焦到"分"上，是几只小猴分呢？（两只）既然是平均分给两只小猴，根据学生的已有认知，一致趋向用 $\frac{1}{2}$ 表示更合适。

学生的数学学习应该从现实经验中抽象出数学概念和结构，这一过程既是基于学生已有的经验又是对数学活动经验的不断改组与完善。本环节教学，教师让学生在新问题的情境下运用已有的认知经验和生活经验来成功处理新信息、新问题，让学生在讨论、领悟的过程中初步拓展对分数域的认识，即从"个"向"群"的延展，无疑学生在讨论的过程中思维也逐步走向深入。事实上，数学概念的建构与学生数学思维的发展往往内生于学生的经验，即思维的起点是经验。众所周知学生的经验是一种内隐的、具有典型的个体属性。基于

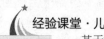

此，教师应当予以关注和重视。

二、积累经验，完善认知

数学活动经验要在做与思的过程中不断积累。这里的积累是关键，在数学教学中不能指望有一两次这样的活动学生就有数学活动经验，学生应当在多次的数学探究活动中，慢慢积累数学活动经验，同时，学生的认知（思维）也会不断完善。"无量刚性"是分数的本质特征，在教学中我们并不需要提出这样的概念，但应当让学生在探究活动逐步感悟，从而建构起对分数的初步理解。

上述教学后，教师并未就此停住，而是进一步借助 $\frac{1}{2}$ 这一分数做足"文章"，让学生在动手做中体验、感悟，不断排除非本质属性，逐渐完善对 $\frac{1}{2}$ 的认知建构。

片段2：

猴妈妈除了会采6个桃子，还有可能会采几个桃子呢？请每名学生帮助猴妈妈把采到的桃子放在盘子里，并用彩笔表示出它的 $\frac{1}{2}$ 。（学生开始动手创作，而后展示了部分学生的创作作品，如图3-2所示）

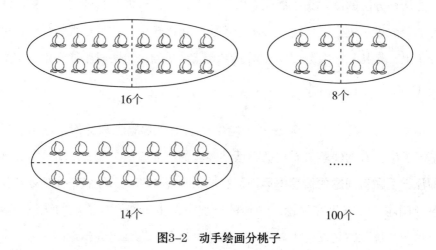

图3-2　动手绘画分桃子

师：你发现了什么特点？

生：放的个数都是双数。

生：只能放双数，双数才可以平均分，单数不能平均分。（有生表示怀疑）

生：难道一个桃子就不能平均分了吗？每只小猴分半个啊！（全体学生表示赞同）

师：那猴妈妈如果有3个桃子，要想平均分给两只小猴，能平均分吗？

学生异口同声说"能"，教师请了一个学生到台前进行操作演示（如图3-3所示）。

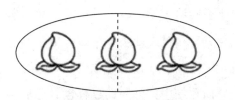

图3-3　将3个桃子分成两份

生：一只小猴分到了1.5个，也就是一个半。

生：每只小猴分到了这盘桃子的一半，同样也能用分数 $\frac{1}{2}$ 来表示。

师：每盘里的个数都不一样多，为什么都能用 $\frac{1}{2}$ 来表示呢？

生：因为它们都是把桃子平均分成两份，且都取了其中的一份。

师此时出示下列题目：一箱桃子（如图3-4所示）平均分给两只小猴，每只小猴分得这箱桃子的几分之几？

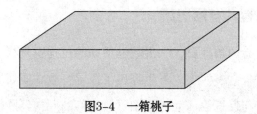

图3-4　一箱桃子

师：需要打开吗？

生：不需要。

生：不能平均分，最后如果多一个就不够分了。

生：能平均分的，最后多一个桃子就让每只小猴分半个。

生：不管箱子里有多少个桃子，只要是把桃子平均分成两份，那每只小猴就一定会分到这箱桃子的 $\frac{1}{2}$。

此处，学生在自己所列举的具体数据支撑下紧紧围绕 $\frac{1}{2}$ 进行操作与思考，学生凭直观感知，认为双数才能平均分。但在交流互动中，部分学生的原有认知再次被激活：难道一个桃就不能平均分成两份吗？而这正是三年级上册的学习内容。本环节，由于教师给了学生较大的探究空间，学生对"分"的过程已不仅局限于动手，当遇到一箱桃子在不知个数的情况下平均分给两只小猴时，学生已自觉在脑中进行"分"了。如此，学生在多次活动中已不断积累起丰富的行为操作活动经验，而在脑中"分"的过程也属于基本活动经验范畴，只不过是另一种数学活动经验的表现形式，即数学思维活动经验（所谓数学思维活动经验一般是指不借助外在的实在物体而依据思维材料进行数学操作活动而获得的经验）。在这一过程中学生的思维品质显然得到了提升，对分数 $\frac{1}{2}$ 的建构也更完善、丰满。事实上，当教师随后引导学生把一些相同的物体平均分成3、4、5……份时，像 $\frac{1}{3}$、$\frac{1}{4}$、$\frac{1}{5}$……这些分数也就自然产生，学生初步体会到分数的无量刚性的特性也就不难理解了。这就是我们所要表达的观点"经验的发展是思维，思维的发展必须依赖经验的积累。"

三、提升经验，发展思维

从数学活动经验的角度看，学生数学活动的过程就是数学活动经验不断上升、不断转化的过程。事实上，学生经历了探寻分数本质属性多样化的数学活动，在交流、讨论与反思等活动的作用下，他们的原初经验得以改造和提炼，完成数学活动经验从低层次到高层次的生长。而在这一过程中，它也促进了学生的智慧生成，进而让学生的数学思维得到发展，思维品质得到提升。

片段3：

（1）分一分。12个桃子可以平均分成几份？每份是它的几分之一？先分一分、填一填，再和同学交流。（学生小组合作，先想一想，准备设计出哪些几分之一，然后再动手在如图3-5所示的图上分一分，哪组设计的几分之一多？）

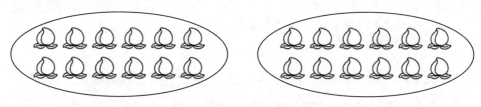

图3-5　分12个桃子

学生在小组合作的基础上出现了 $\frac{1}{2}$、$\frac{1}{6}$、$\frac{1}{12}$、$\frac{1}{4}$、$\frac{1}{3}$ 等分数，更有小组提出 $\frac{1}{24}$（如图3-6所示）、$\frac{1}{48}$……

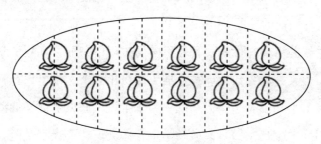

图3-6　将12个桃子分成24份

在本次分的过程中，我们欣喜地发现，学生已不是立即拿起笔就动手"分"，而是先思考用这一幅图能创造出哪个分数来，而后才根据自己的思考进行动手操作。显然，学生的数学活动思维经验已被提升，在随后的交流中当出现多个不同分数时，学生已感受到了分数个数的无限多，这并不是教师口头告知，而是学生在操作中自我感悟，在深化"平均分"认识的同时拓展了对分数域的认知。

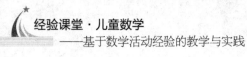

（2）听一听。猴妈妈买了8个桃子放在家中的桌子上，猴大看见后吃了其中的 $\frac{1}{2}$ 高兴地出去玩了；猴二回来后也发现了桌子上的桃子，它吃了剩下桃子的 $\frac{1}{2}$，然后也开心地出去玩了；猴三、猴四相继回来后也分别吃了桌上剩下桃子的 $\frac{1}{2}$。今天，小猴子们都很开心，因为它们都吃到了 $\frac{1}{2}$。

师：听完这个故事，你有什么想要说的吗？

……

本课中的问题已解决，但新的认知冲突随之产生，思维再次受到新挑战：无量刚性是分数的特性，但分数的产生与运用又始终离不开具体的量，它们之间到底有怎样的关系呢？在学生数学活动经验不断提升的过程中，学生的思维闸门已完全被打开，他们急切期盼能用现有的知识经验去探究这一故事背后的内在关联。铃声虽响起，却挡不住学生们的思考与争论，甚至有学生已三五成群聚在一起动手画着、讨论着。而这样的环节安排也必将让学生自觉调用已有的数学活动经验来尝试解决当前的数学新问题，也使学生在经验积累的过程中思维得到了真真切切的发展。

数学活动经验需要在做的过程和思考的过程中积淀，在数学学习活动过程中逐步积累。《义务教育数学课程标准（2011年版）》指出，教师教学应该以学生认知发展水平和已有经验为基础，为学生提供充分的数学活动机会，启发学生思考，引导学生自主探索，鼓励学生合作交流，要让学生既要得到必要的数学思维训练，也要获得广泛的数学活动经验。

当前在强调"四基"的同时，我们认为，"四基"是处于一种并列关系存在，教学过程中不可有失偏颇，"四基"的最终目标是让学生学会数学思维。事实上，学生在学习过程中总是带着一定的数学知识经验与生活经验走进课堂的。在课堂中如何把握好学生的认知起点，应当切实引起数学教师们的重视。我们认为，在数学教学中"经验的发展是思维，而思维的起点是经验。"也即数学教学不但要帮助学生积累数学活动经验，更要发展学生的数学思维。

如图3-7所示，这才是每位数学教师应有的课程观。

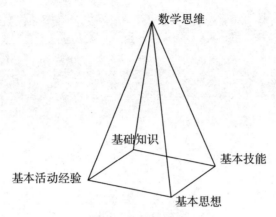

图3-7　数学思维关系图

第 四 章

基于数学行为操作活动经验的教学实践

第一节　行为操作活动经验的研究领域
内容梳理与分析

在研究中我们发现，虽然有了理论框架，但感觉行为操作活动经验的积累仍然比较模糊，理解起来不是那么清晰。为了让框架中的内容更明确和具体化，我们选取了三部分内容：苏教版小学数学教材中的部分新授课、动手做、综合与实践课程领域的典型课例。从教学内容、设计的活动两个维度进行了系统梳理。

首先我们梳理出苏教版教材中重点体现"行为操作活动经验"的典型课例16节，占了很大一部分比重；其次是"综合与实践"课程，知识的综合应用主要在这里体现。2011年版数学课程标准提到，"综合与实践"的实施是以问题为载体、以学生自主参与为主的学习活动。它有别于知识的探索活动。它是教师进行问题引领、学生全程参与、实践过程相对完整的学习活动。很显然，综合与实践活动课的特点是：通过一系列的活动帮助学生理解数学与外部世界的联系、数学内容之间的内在联系，以及提升学生在分析和解决问题过程中综合应用数学的能力；帮助学生应用所获得的数学知识、方法、活动经验等解决实际问题或探索数学规律，是数学综合与实践活动的教学宗旨。

一、苏教版教材中行为操作活动经验的典型题材梳理

表4-1　典型题材梳理

数学活动经验类型			数学行为操作活动经验	页码
序号	册数	内容名称	内容简介	
1	1	有趣的拼搭	滚一滚、堆一堆、摸一摸、搭一搭、数一数	32～33
2	1	认识11～20各数	小棒摆一摆、捆一捆、抓一抓、估一估、数一数	82
3	2	认识图形（二）	拿出立体图形画一画、描一描，生活中找一找，钉子板上围一围，纸上折一折，还有第20页"动手做"里的拼一拼，欣赏数学拼图的美丽	16
4	2	我们认识的数	先抓一把蚕豆，估一估，再数一数，活动中培养孩子的数感。然后改成抓一把花生米，一把黄豆，一把米，实物的大小越来越小，数量越猜越高。还可以要求，数量不变，抓多还是抓少	41
5	2	小小商店	模拟小小商店，孩子们亲自参与购物，通过花钱，找零，在购物中复习本单元的知识点	72～73
6	3	观察物体	从前、后、左、右四个不同位置观察物体，判断看到的各是什么样子	90
7	4	认识千以内的数	计数器上拨一拨，数一数千以内的数；动手操作：摸一摸感知六百多张纸的厚度、估一估烧杯中黄豆的颗数	29
8	5	认识千克和克	学生用手掂、用秤称，认识质量单位千克和克	28～33
9	5	认识长方形和正方形	通过用几张长方形和正方形的纸张量、折、比、看，认识特征，初步体会认识平面图形的基本方法	36～38
10	5	认识周长	通过看、围、指、量等活动，认识周长，探索并掌握基本平面图形周长的测量以及计算方法	39～40
11	5	平移、旋转和轴对称	通过观察实例和动手操作，初步认识物体或图形的平移和旋转，体会生活中的轴对称现象	80～85
12	6	长方形和正方形的面积	通过观察、操作、比较等活动，帮助学生认识面积的含义，初步建立常用面积单位实际大小的表象	58～63
13	7	垂线与平行线	动手操作，会画角、会画一条直线的垂线和平行线	89～93
14	8	平移、旋转和轴对称	通过观察、操作、想象等活动，认识图形的平移、旋转和轴对称，探索图形平移、旋转、对称的主要特征，掌握这几类图形的运动方式的基本要素和方法	1～9

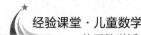

续 表

数学活动经验类型			数学行为操作活动经验		页码
序号	册数	内容名称		内容简介	
15	10	圆的认识		画圆、用圆规画圆，认识圆的各部分名称、同一个圆内半径和直径的关系	85 ~ 86
16	11	正方体的表面展开图		通过沿棱剪开一个正方体纸盒认识各种表面展开图	3
17	12	不规则物体的体积		通过操作、观察等数学活动掌握不规则物体的体积计算方法	19
18	12	神奇的杠杆		通过制作杠杆，挂同样的物体使杠杆保持平衡，从而研究杠杆的原理	65

二、实际教学中学生存在的问题

基于上述的分析我们认为，动手的意识、观念的培养与操作能力的培养对于学生来说是十分重要的，但在现实的教学活动中却存在很多值得反思的现象与问题。

下面我们以小学低、中、高年段的典型题材"度量"来予以分析。

1. 低年段：长度单位的认识

"厘米和米的认识"是小学低年级的教学内容，也是在比较物体长短的基础上展开学习的。尽管学生在长度度量方面已有了一定的生活经验和基础，但由于长度单位及其操作应用是多种知识的综合，因此它对低年级学生的认知能力来说还存在一定的难度。在将物体从直观表象抽象成文字表述后再选择合适的单位时，一部分学生就不能正确地对长度单位进行选择。进一步分析后会发现，有这样问题的根本原因在于对长度单位的选择还缺乏亲身经历的体验，他们对长度单位没有真正建立较为丰富的表象。

2. 中年段：周长

"周长的认识"对三年级的学生来说比较抽象，这是由于在实际生活体验中，学生见到、摸到、用到的图形的形状、大小比较多，而感受和关注周长的情况却比较少。"周长"是在学生认识三角形、平行四边形、长方形、正方形等基本平面图形的基础上展开的，是学习平面图形周长的基础。在这里，设计活动，让学生用一根毛线去围一围，在围的过程中感受"周长"其实就是一周边线的长度。学生在活动中得到的认知，来得更为清晰。

3. 高年段：体积

"体积"是学生由认识平面图形到立体图形、由二维空间到三维空间的空间观念发展的一次跨越。小学生对物体的大小有丰富的生活经验，谁大谁小更倾向于直观感受，但空间的无边界性干扰了学生对物体大小的认识，因此很容易把体积与面积混淆。例如，说物体很大，有时也指面积大；有时嘴里说的是面积，头脑里想的可能是体积，即对体积的立体化认识不够深刻；还有的学生即使到了六年级，仍混淆面积和体积的单位，在解决涉及面积和体积概念方面的问题时，直接套用公式没有问题，但在对概念的理解和灵活运用上错误率较高。基于以上原因，我们聚焦于让学生在活动中感悟，探索帮助小学生积累数学行为操作活动经验的方法与路径。

三、积累行为操作活动经验的数学课堂

如前所述，帮助学生积累数学行为操作活动经验，关键是要设计一个或者几个好的数学教学活动并有效实施。一个完整、有效的数学学习活动，一般需要经过"活动设计前的准备—活动设计—活动实施"这三个环节。在课堂教学实践中，我们逐步形成了一个课堂活动设计与实施框架，如图4-1所示。

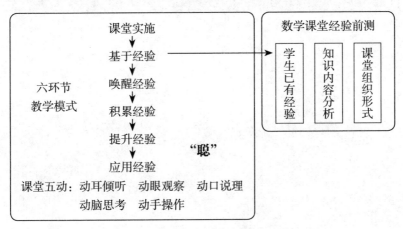

图4-1　课堂活动设计与实施框架

经验的前测主要是分析学生已有的知识和经验基础，从而设计出合适的数学活动。

在数学活动实施中，学生一般需要经历"基于经验—唤醒经验—积累经验—提升经验—应用经验"五个步骤，这五个步骤层层递进，但并不是每一节数学课都要面面俱到，可以是其中的部分环节，这要视具体教学内容而定。这个框架把学习内容、经验积累与数学活动有机结合，既是在课堂教学中帮助学生积累数学基本活动经验的基本途径，也是后续指导我们进行数学活动设计和课堂教学实施的基本依据。

第二节　基于行为操作活动经验的
课堂实例分析

积累操作经验　体悟变化规律

数学是一门让人变得聪慧的学科，通过数学学习应当让学生积累基本的数学行为操作活动经验，在数学活动过程中发展学生的数学思维。以下将通过一年级"我们认识的数"这一实践活动课来阐述。

一、媒体演示，激趣导入

1. 一颗算珠

课始教师用课件出示计数器，如图4-2所示。计数器上有一颗调皮的算珠，瞧，现在它在计数器的哪一个数位上呢？表示数字几？

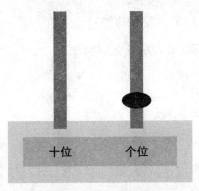

图4-2　个位一颗珠子

现在它又跑到哪儿去了？如图4-3所示，又表示什么数呢？

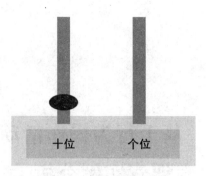

图4-3　十位一颗珠子

咦！同样是一颗算珠，为什么一会儿表示1，一会儿表示10呢？

2. 两颗算珠

一颗算珠觉得自己很寂寞，又招来了一个小伙伴。它们可亲热了，一起跑到哪儿了？如图4-4所示，表示多少呢？

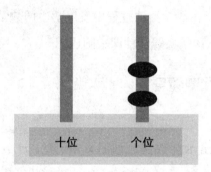

图4-4　个位两颗珠子

真挤啊！一颗算珠把另一颗算珠轻轻地一推，看，把它推到了哪里？如图4-5所示，（十位）它们这时表示什么数？

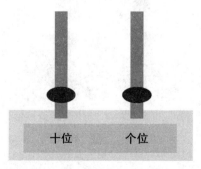

图4-5　个位和十位各一颗珠子

一会儿工夫，它俩又挤到了一起，看，这时它们是多少了？如图4-6所示。

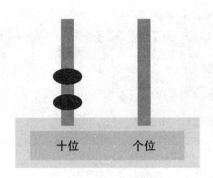

图4-6　十位两颗珠子

请同学们回想一下，刚才的两颗算珠是怎样变化的？都表示出了哪些数？你们有什么启发？

评析：通过直观演示，让学生深切体会到算珠在不同的数位上能表示不同的数，并让学生初步体会事物之间的变与不变，同时也让学生初步感受到算珠在变化过程中还隐藏着一种"有序"的思想。当然，这些思想对于一年级学生来说都还是很朦胧的，此处主要目的还是让学生感受到数学奥妙之乐趣。

二、动手操作，体悟有序

太神奇了，用两颗算珠可以表示3个数。小朋友，你们想不想也在计数器上拨一拨、玩一玩呢？今天这节课，我们就边拨算珠边学习，在玩的过程中发现更多更神奇的秘密，好吗？那么，用3颗算珠可以拨出哪些数呢？小朋友们愿意试一试吗？

1. 三颗算珠

（1）拨珠要求。用3颗算珠，在你们计数器的个位、十位上拨不同的数，拨一个，记录一个。比一比，看谁最会动脑筋，拨的数最多。（学生尝试拨珠）

（2）师生交流。

师：谁来说说你拨出了哪些数？

生：3、13、21、30。

生：我不同意"13"，因为老师只要求我们拨3颗算珠，1+3=4，有4颗算珠了，所以不符合要求。

师：那正确的应该是多少？

生：应该是"12"，他刚才可能是多拨了一颗算珠，也有可能是拨对了，写错了。（然后生自我纠正为"3、12、21、30"这四个数）

师：有与他不一样的吗？

生：我拨的四个数为3、30、21、12。

师：请同学们比较一下这两位同学各自拨出的四个数3、12、21、30和3、30、21、12，他们都拨全了吗？有什么地方不一样？

生：拨的数都一样，但数的顺序不一样。我认为前面一位同学拨的四个数比较好，它里面有一种规律。

师：有规律？你能上台在大计数器上边拨边说说你发现的规律吗？

生上台在大计数器上边拨珠边说：先在个位上拨3颗珠，然后个位上拨掉一颗，在十位上拨上一颗，接着在个位上再拨掉一颗，在十位上再添上一颗，最后把三颗算珠都拨在十位上。（学生自发给予了掌声）

（3）小结提升。这位同学说得真好，是啊，我们在思考问题的时候，要按照一定的顺序去思考，这样你拨出的数既不会重复也不会遗漏。如果不是按照一定的顺序思考，你就可能会重复或遗漏。（板书：有序思考。电脑再次演示拨3颗算珠的过程）

2. 四（或五）颗算珠

师：刚才是同学们用3颗算珠在自己的计数器上拨一拨的，那么用4颗或5颗算珠能拨出哪些数呢？这一次啊，我们请同桌合作。

（1）拨珠要求。同桌合作（用一个计数器），两人先商量好拨4颗还是拨5颗珠（可以拨4颗，也可以拨5颗），然后一人拨珠，另一个人做记录，看哪一组在拨珠时注意了"有序思考"并合作得最成功。

（2）交流反馈。师：我们请已合作完成的小组先来汇报，哪一小组是拨4颗珠的，请说说是怎样拨珠的？拨出了哪些数？

生：13、31、4。

生：（另一组同学）他漏掉数了，应该把4放在前面，这样才是有序思考。

生：我先把4颗算珠拨在个位，表示4，再把一颗算珠从个位移到十位，表示13，接着再把一颗算珠移到十位，表示22，然后再把一颗算珠移到十位，表示31，最后把所有的算珠都移到十位，就表示40了。（学生再次自发鼓掌）

师：看来有序思考的方法还真好，能确保我们在拨数时不重复，也不遗漏。

师：（对生）你现在想明白自己为什么会写不全了吗？

……

评析：学生的智慧是流淌在指尖上的，在拨珠的过程中他们深切体悟到拨珠一定要按照顺序来拨，这样才能不重复、不遗漏。低年级学生对于数学经验的积累往往需要有一个往复的过程，尽管第一次拨三颗珠的时候，在教师的引导之下已初步感悟到应"有序拨"，但那还只是停留在感官上，于是教师安排了同桌间合作拨4颗或5颗珠的活动，事实证明学生们在拨珠时仍然产生了遗漏，但就在这样往复的数学活动过程中，学生们变得越来越智慧，操作活动的经验也在不断地积累中。

三、勇于想象，探索规律

1. 六（或七）颗算珠

动手又动脑，你们个个都是聪明的孩子。接下来，我要让大家当回小小猜想家，看谁能在脑子里用想的方法，说出用6颗或7颗算珠分别可以拨几个数？

生：6颗算珠可以拨出7个数。

师：你是怎么知道的？

生：因为我找到了规律，从黑板上看，1颗算珠可以拨出两个数，2颗算珠可以拨出3个数，3颗算珠可以拨出4个数，以此类推，6颗算珠可以拨出7个数。

生：我发现算珠的颗数加1就等于拨出数的个数。

生：拨出数的个数比算珠的颗数多1。

师：同学们真是善于观察，发现了这么多的规律，那么6颗算珠可以拨哪些数呢？我们现在不拨算珠，光用脑子想，你可以一下子报出来吗？

生：6、15、24、33、42、51、60。

师：那7颗算珠可以拨哪些数？

……

评析： 从"动手拨"到直接让学生"想象拨"，这对于低年级学生来说是一次质的飞跃与提升。首先，学生们在猜想的过程中主动去探寻规律，并利用规律直接说出用6或7颗珠能拨出几个数，但教师并没有停留于此，而是让学生在脑中拨珠进行验证，这不可不说是一种教学智慧的体现。这种在脑中拨珠的活动不仅提高了教学要求，更是让学生在经历想象拨珠的过程中进一步积累了动手操作的经验，发展了学生的数学思维。

2. 生活运用

师：老师看到这些数，想起了一件有趣的事，想听吗？请你们联系实际想一想：我的小侄女和你们的年龄差不多大，刚巧，她的年龄和她妈妈的年龄都可以用7颗算珠拨出的数来表示，请你猜一猜我的小侄女和她妈妈的年龄分别是多少岁？（学生讨论交流后汇报）

生：你的小侄女是7岁。

生（小声嘀咕）：她妈妈70岁吧！

生：她妈妈不可能是70岁，如果70岁的话，就是她的奶奶了。（全体学生会心地笑了）

生：可能是34岁，因为我们的爸爸、妈妈一般都是30多岁，如果是25岁的话，她可能还在读研究生。52、61、70的话，那都太老了。

生：也有可能是43岁。（学生辩论后认为这种情况也是有可能的）

……

评析： "生活运用"的例子给本堂课注入了浓浓的生活气息，让学生们真切感受到本课所学内容与生活的紧密关联性，学生们在这一活动中既感受到数学好玩，也再次调用"有序拨珠"的经验，在脑中进行了一次有效的拨珠活动，他们通过对脑中拨出的数进行逐个辨析筛选，最终猜到了老师小侄女与她妈妈的年龄。学生们也享受到了数学学习所带来的快乐。

3. 八（或九）颗算珠

师：你们能不拨珠，一口气就报出8颗（或9颗）珠子所组成的数吗？

（生基本都能有序地说出组成的数字）

师：这么快的速度就能把它们说完整了，你们用的是什么好方法？一定是发现什么规律了吧？（此时，教师用多媒体出示表4-2）

表4-2　1～9颗珠子所组成的所有数

算珠颗数	拨出的数	数的个数
1	1、10	2
2	2、11、20	3
3	3、12、21、30	4
4	4、13、22、31、40	5
5	5、14、23、32、41、50	6
6	6、15、24、33、42、51、60	7
7	7、16、25、34、43、52、61、70	8
8	8、17、26、35、44、53、62、71、80	
9	9、18、27、36、45、54、63、72、81、90	

生：因为竖着看，这些数有很多规律，下面一个比上面一个多1。

生：斜着也有规律，第一斜行每一个数都是整十数，第二斜行个位上的数都是1。

……

师：是啊，这些拨出的数横着、竖着、斜着看都有规律，每一个数都在变化，再请同学们仔细观察，有没有不变的东西？

（生陷入沉思，有的在皱着眉头想，有的在小声议论）

生：我发现这些数每个数位上的数加起来都刚好等于算珠的颗数。（学生们此时都表示出了强烈的认同感，频频点头）

……

师：是啊，变化当中又有不变，这就是数学的奥秘。

评析：这一过程是开放的，学生思维再次受到挑战，他们在交流中发现，在发现中体悟着这些数字背后隐藏着的无穷奥秘，感受着数学学习所带来的快乐。

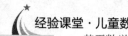

四、我们的思考

1. 积累数学活动经验

《义务教育数学课程标准（2011年版）》中指出，教师应激发学生的学习积极性，向学生提供充分从事数学活动的机会，帮助他们在自主探索和合作交流的过程中真正理解和掌握基本的数学知识与技能、数学思想和方法，获得广泛的数学活动经验。由此看出，让学生在数学活动中积累"数学活动经验"理应成为小学数学教学目标之所求。所谓数学活动经验是指在数学目标的指引下，通过对具体事物进行实际操作、考察和思考，从感性向理性飞跃时所形成的认识。

数学活动经验的积累过程是学生主动探索的过程。就本节课而言，教师首先通过多媒体演示计数器创设学生想拨珠的情境，激发学生参与学习的内驱。接着，学生用3颗珠拨数，在师生的互动过程中学生初步体悟到拨珠应该按照一定的顺序来拨才更加清晰，一目了然，但这种体悟是浅薄的，学生们又在拨4颗或5颗珠的活动过程中不断积累着拨珠的经验。最重要的是，对于学生操作活动经验的积累，教师并没有让学生只经历简单的"拨珠"活动，如用"6或7颗珠"拨数时，就让学生在脑中想象拨珠的过程，这就让拨珠活动充满了一种挑战与探索。学生在"拨—想—拨"的操作过程中活动经验得到了不断积累，学生也变得越来越智慧。

2. 发展学生思维

数学教学的最终目的是让学生通过数学学习学会思考，让学生变得更智慧。本节课中，在学生的初次操作活动中既体悟到了简单规律的蕴藏，而后又在学生的合作操作、"脑中操作"等丰富的数学体验活动中对"规律"的发现越来越明晰，学生的思维也在不断走向深刻，尤其是在教学的最后环节，学生不仅体悟着各种变化规律，更是在变化规律的寻求中感受到了事物间存在着"变与不变"的思辨哲学，这对于一年级学生来说，通过这节课的学习他们的感受更加深切，他们的思维也在丰富的数学活动中得到了发展。

杠杆原理教学设计

【教学内容】

苏教版六年级下册第65页"动手做"。

【教学目标】

1. 灵活运用正、反比例的知识，经过探索发现并理解天平的物重与臂长是成反比例的。

2. 探索发现天平保持平衡的计算公式：左臂长×左物重=右臂长×右物重，并灵活运用此公式解决实际问题。

3. 感悟生活中的杠杆原理，体会数学源于生活，服务于生活。

【教学重难点】

感知物重与臂长是成反比例的。

探索出天平的平衡公式并灵活运用。

【教学准备】

铅笔、笔套、天平勾码组合、配套PPT。

【教学过程】

（一）视频导入，激发求知欲

师：同学们，我们日常的学习生活离不开笔，看看人家在课余是怎么丰富笔文化的？"转笔"视频播放。

师：怎么样，厉害吧？想不想试一试？

设计意图：由于我们所面临的是六年级的学生，需要考虑到情境的创设是否能激发起学生的探究欲望，所以课一开始，我设计了一个人人都爱玩的"转笔"视频，成功地拉近了师生距离，并激发起学生探究尝试的积极性。

师：老师这里也准备了一支铅笔，想想怎样放，这支笔就会平衡在我的无名指上了？

生：将笔的中间放在手指上。

师：我们把笔的中间这个点称为中心点。也就是将笔的中心点放在无名指上。现在这支笔在我手上保持平衡了，想想，若是我将笔的这头套上一个笔盖，请问，它还能保持平衡吗？若不改变笔在我手上的位置，要想让它还保持平衡，怎么办？

生：在那头也套个相同重量的笔盖。

设计意图：数学源于生活，又服务于生活，这里的提问，其实需要学生对生活中的知识有一定程度的把握才能回答，学生都回答得很好，说明生活中我们的孩子本就是有心人，只是没有想到要与数学结合起来。教师在这里就起到了"组织者"的作用。

师：看来这支笔能不能平衡，跟什么有关？中心点、物重（板书）。

师：还与什么有关呢？这就是我们接下来要研究的内容。

（二）实验开展，挖掘出真知

师：若是把铅笔的中线点固定在支架上，这就成了一个天平，如图4-7所示。

图4-7 铅笔天平

师：同学们，你们每组面前都有一个这样的天平（看大屏幕，认识天平，如图4-8所示），观察一下，中心点已经固定在支架上了，在中线点的两侧每隔2cm处都有一个小孔，并且现在天平是平衡的。

图4-8 认识天平

师：现在在天平的左侧第4个孔挂两个勾码，那么要使天平继续保持平衡，怎么办？还有别的方法吗？试一试，学生以小组为单位，合作完成下表（如表4-3所示）。

合作要求：

（1）以4人小组为单位，合作完成表4-3。

（2）完成一种平衡办法并记录后，继续思考，还有其他的方法吗？

表4-3 天平保持平衡

左侧第几个孔	左侧勾码数量	右侧第几个孔	右侧勾码数量
4	2		

观察表格，你有什么猜想？

_____。

师：都找到了使得天平平衡的办法了吧？一起来对一对，右边怎么放？

（生边汇报，大屏幕也顺势出示答案）

师：仔细观察表格，你有什么猜想？

生：左侧第几个孔 × 左侧勾码数量 = 右侧第几个孔 × 右侧勾码数量。

师：都是这么想的吗？好，有了猜想，那就继续用实验来验证我们的猜想。

师：如果在左侧的第4个孔挂3个勾码，那么要使天平保持平衡，右边的勾码该怎样放？谁来猜一猜？（请举手的同学说一说，为什么这么猜）

设计意图：主体化参与策略，激发学生主动参与教学活动的自觉性，让学生自主参与到活动之中，探究学习，引发猜想并验证猜想的过程。人的发展最根本的是主体发展，主体发展又是以活动为中介的。活动是人的主体性的生成和发展机制，也就是说人的主体性是在活动中生成和发展的。活动教学研究的目的很明确，就是为学生提供一个学习和发展的空间，让学生在各项教学活动中学习知识，增长才干，在实践的基础上培养理解问题的能力、解决问题的能力和动手操作的能力。

师：到底是不是呢？光说无凭，我们用实验来验证，并完成下表（如表4-4所示）。

（合作要求同下表）

表4-4　天平保持平衡

左侧第几个孔	左侧勾码数量	右侧第几个孔	右侧勾码数量
4	3		

（1）观察两个表格，证明了什么？

左侧第几个孔×左侧勾码数量=右侧第几个孔×右侧勾码数量。

左臂长×左物重=右臂长×右物重（讲评中出示）。

（2）你还有什么发现？

臂长越长，物重越轻；臂长越短，物重越重。臂长与物重成反比例关系。

师：将我们发现的成果大声地读一遍！（手指"勾码数量"几个字）左侧、右侧勾码数量，就是上课一开始提到的两端的物重，现在回到上课一开始提到的问题，"平衡杆能不能平衡，除了与中心点、物重有关，还与什么有关？"

生：左边、右边第几个孔有关。

师：左边、右边第几个孔，其实就是两臂的长度吧，左边第几个孔，我们称为左臂长，那么右边第几个孔称为右臂长，将现在的公式再读一次。

师：继续观察表4-4，左侧物重及臂长都固定后，观察右侧的物重及臂长，你们有什么发现？（可小组讨论）

生：臂长越长，物重越轻；臂长越短，物重越重。臂长与物重成反比例关系。

设计意图： 实践证明，参与策略的实施，激发了学生主动学习的兴趣，他们在发散性思维活动的锻炼中，能力得到了提高，调动了学习的积极性和创造性。创设自由讨论甚至争论的教学情境，鼓励学生发散性思维。所以，我们在教学中要非常注重培养学生自主学习的精神，鼓励学生对问题有不同的见解，学生在课堂上开展热烈的讨论甚至激烈的争论，会使课堂气氛活跃。

师：其他同学也发现了吗？臂长越长，物重越轻，就因为你们发现的这句话，古希腊物理学家、数学家阿基米德说了这么一句话：给我一个支点，我能撬动地球。你们同意他的说法吗？他的想法怎样可以成为现实？

生：虽然地球很重很重，但只要阿基米德这头的臂长足够长，那么阿基米德还是有可能撬动地球的。

师：其实他的这番话并不是真的去撬地球，而是告诉我们，人类理性的力量是非常强大的。

（三）小结全课，认识提升

师：通过今天的学习，你们有什么收获？

（生自由看黑板说）

（四）练习巩固，加深理解

师：学了杠杆的原理，探索出了它的奥秘，那么回到第一个表格中，你们再想一想，如果天平的右臂足够长，勾码数量也足够多，这些勾码还可以挂在第几个孔，挂几个？

生：右边第8个孔挂1个……

师：第二个表格呢？

生：右边第1个孔挂12个，第6个孔挂两个……

（五）图文展示，回归生活

师：探求怎样使天平保持平衡，其实就是我们今后将深入学习的杠杆原理（揭示课题），待同学们进入初中后将会更系统地学习杠杆原理。

师：杠杆原理在生活中的运用是非常多的，你们知道哪里有用到的吗？

（生自由说）

大屏幕展示，师向学生介绍图片中的杠杆原理，丰富学生的知识面。

师：我们的数学源于生活，服务于生活，希望同学们学好数学，做生活的有心人！

设计意图：把学生真正当作学习的主人，在师生互动的基础上，挖掘生生互动的潜力，向课堂教学要质量，运用开放型、交往型、体验型方式，充分发挥小组合作学习的优势，通过进行小组学习、组际交流、组际互查、组际竞赛等活动，激发学生的生生互动的参与热情。

⋯⋯ "三角尺拼角" 动手做 ⋯⋯

【教学内容】

二年级下册第七单元"三角尺拼角"P89"动手做"。

【教学分析】

1. 教材分析

表4-5 "三角尺拼角"知识内容梳理

已有的知识基础	本课的知识内容	后续学习的知识
初步认识角和角的分类，比较角的大小	一副三角尺可以拼搭出不同种类的角	为今后学习角的度数，顺利拼出的角的度数，打下基础

这部分内容主要让学生通过用三角尺拼角，巩固对锐角、直角和钝角的认识。（见表4-5）

2. 学生分析

用三角尺拼角是在学生认识了锐角、直角和钝角的基础上学习的，学生主要利用前面识别角的方法来进行拼角。

【教学目标】

1. 通过用三角尺拼角，帮助学生进一步巩固对直角、锐角和钝角的认识，积累一些图形的经验。

2. 以小组合作的形式开展活动，培养学生的合作意识，提高动手操作的能力，发展初步的空间观念。

【教学重难点】

能用三角尺拼出不同的角。培养学生观察、比较、操作、交流等各种数学能力，积累丰富的数学活动经验。

【教学准备】

教具：课件、三角尺一副。

学具：每人一副三角尺，每组若干三角尺模型。

【教学过程】

（一）谜语导入，观察三角尺

1. 出示谜语

像帆帆不扬，像旗旗不飘，三足而鼎立，帮我学数学。——（打一学习工具）（生猜三角尺）

师：是的，（出示三角尺）因为每副三角尺有三个角，所以我们叫它三角尺。（板书：三角尺）

2. 认识三角尺上的角

过渡：三角尺中还藏着一些小秘密呢！你们想知道吗？

请同学们从①号信封里拿出三角尺，每人一副。师同步板贴三角尺模型。

层次一：一副三角尺上有6个角，请你们和同桌说说这些角分别是什么角？

请一名学生指一指哪些是直角，哪些是锐角？

层次二：这些锐角比比大小，哪个锐角最小？（用弧线标出）哪个锐角最

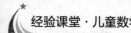

大？这两个锐角呢（45°）？（猜测：一样大）眼睛观察的只是猜想，还需要验一验。想一想，可以怎样验证？

层次三：为了方便比较、表述，我们不妨给这些锐角起个名，最小的叫锐角1，两个一样大的叫锐角2，最大的这个叫锐角3。用手摸一摸，记住它们的名字吧。

设计意图：通过让学生观察熟悉的三角尺，复习直角和锐角，进一步巩固辨别角的方法，给不一样大小的角分别起名，为下面拼角以及对拼成角的描述做铺垫。

（二）小组合作，自主拼角

1. 认识拼角

（1）示范拼角。

师：刚才我们认识了这两副三角尺上的角，也找到了一些小秘密，其实，利用手中的三角尺，我们还能创造出别的角，请大家仔细看。

示范拼角过程（实物展台边演示边讲解）：①我想把锐角1和直角拼起来，先使两个角的顶点重合，再把两个角的边既不重叠又无缝隙地重合在一起。这样我的角就拼好了。②还可以像这样用锐角2和锐角3拼成一个角。

问题1：谁来指一指我拼的角在哪儿？

师：为了看得更清楚，拼好以后我们把它标一标。

问题2：这是什么角？当我们不能确定是什么角时，怎么办？（师示范用另一副三角尺的直角去验一验。

师：我是用锐角2和锐角3拼成了一个钝角。是通过直角验一验知道的。

（2）规范表述。

想一想：我们是怎么用一副三角尺拼出一个新的角？

板书：拼一拼、说一说、验一验。

师：谁能像老师刚才那样拼一个角？

指定一名学生到展台前演示拼角过程，边拼角边尝试描述：我是用（　　）和（　　）拼成了一个（　　）角。（画弧线）

2. 自主拼角

过渡：如果要按照要求拼角，你能挑战吗？今天，我们一起尝试用三角尺拼角。（板书：拼角）

活动一：自主拼角，用两副三角尺拼直角

要求：1. 想一想：你们打算用哪两个角拼成直角？

2. 拼一拼：拼出一个直角，并用记号笔标出拼成的角。

3. 说一说：这个角是由（　　　）角和（　　　）角拼成的。

4. 验一验：你拼成的是直角吗？再试一试还有没有其他的拼法。

（1）理解题目意思。

师：谁来说说从要求中你知道了什么？

生：用两副三角尺可以拼出一个角。

生：可以用相同的两副三角尺，也可以用不同的两副三角尺来拼。

生：拼出的必须是直角。

（2）学生自主拼角。

师：为了使同学们能拼出更多的角，我按三角尺的大小，每桌剪了一些三角尺放在②号信封里，请把它们拿出来。接下来我们就用这些三角尺来拼角。

收集资源（4个），发小黑板纸，贴在上面，按顺序收好。

（3）资源结构化呈现，序列交流拼出的直角（如表4-6所示）。

表4-6　用三角尺拼角

学生可能的情况	教师的回应
锐角2+锐角2，如图4-9所示。 图4-9　两个锐角2拼接	1. 这个是谁拼的？请你说说你是怎样拼成一个直角的？

经验课堂·儿童数学

学生可能的情况	教师的回应
锐角2+锐角2，如图4-10所示。图4-10　两个锐角2拼接	2. 这个是谁拼的？你又是怎样拼成一个直角的？这两个直角都是锐角2和锐角2拼的，有什么不一样呢？（拼的方向不同）
锐角1+锐角3，如图4-11所示。图4-11　锐角1和锐角3拼接	3. 谁来说说他是怎样拼的？互动：是这样拼的同学请你向老师挥挥手。

（4）自主完善思维。刚才三个直角都是用什么角拼的？什么角没有用上呢？为什么直角用不上呢？（想想：直角+锐角，它拼成的还是直角吗？）

师：（指板书）看来，在拼角的时候，我们先去想一想（板书），再去拼一拼、说一说、验一验，真是一个好方法。

师：同学们，刚刚我们用三角尺拼出了直角，接下来我们还可以用三角尺拼出锐角或钝角。真厉害，你能用我们刚才拼直角的方法来拼吗？（用手指一下黑板上的想一想、拼一拼、说一说、验一验）

活动二：同桌合作，用两副三角尺拼锐角和钝角

要求：1. 想一想：你们准备用哪两个角拼？

2. 拼一拼：按照刚才的方法拼出锐角或钝角，并标出拼成的角。

3. 说一说：这个角是由（　　）角和（　　）角拼成的。

4. 验一验：你们拼成的是锐角或钝角吗？

（1）同桌合作拼角。收集资源，巡视并和学生交流：用（　　）和（　　）拼成的是（　　）角。指定学生贴到锐角（或钝角）的位置上。

（2）序列交流。锐角（如表4-7所示）：

表4-7　用三角尺拼锐角

学生可能的情况	教师的回应
1.锐角1+锐角1，如图4-12所示。  图4-12　两个锐角1拼接	层次一：指着其中一个锐角，请你说说你是怎样拼的？ 指着另一个锐角，同伴说说他是怎样拼的？
2.锐角1+锐角2，如图4-13所示。  图4-13　锐角1和锐角2拼接	层次二：刚才两种拼法都是用什么角拼的？为什么都用锐角拼？
	归纳：看来，一般要想拼成锐角，要用两个比较小的锐角才能拼成锐角。

钝角（如表4-8所示）

表4-8　用三角尺拼钝角

学生可能的情况	教师的回应
	层次一：这些拼出来的都是钝角，你能和同桌说说它们分别是用（　　　）和（　　　）拼成的吗？ 师巡视，指导学生清楚表达。
	层次二：这些钝角是分别用什么角和什么角拼出来的，可以怎么分类？

续　表

学生可能的情况	教师的回应
直角+锐角1、直角+锐角2、直角+锐角3，如图4-14所示。  图4-14　直角和锐角拼接	层次三：直角+锐角1、直角+锐角2、直角+锐角3，如图4-14所示，还需用直角验证吗？
锐角2+锐角3、锐角3+锐角3，如图4-15所示。  图4-15　锐角与锐角拼接	锐角2+锐角3、锐角3+锐角3，如图4-15所示，这一类需要用直角验证吗？ 看来，不同情况我们可以采取不同的验证方式。

接下来老师要增加难度了，敢接受挑战吗？看清要求。

活动三：四人小组合作，用三副三角尺拼直角

要求：用想一想、拼一拼、说一说、验一验的方法完成。

（1）理解题目要求。

师：这次活动和前面有什么不同？

生：要用三副三角尺。

师：你能运用刚才的经验尝试完成挑战吗？

生：想一想、拼一拼、说一说、验一验。

（2）学生自主拼角。让学生充分发挥想象力，用三个锐角拼成一个直角。

（3）展示学生拼的角。拼对的都贴上去。同学们，这些都是用哪些角拼成的？还有不同的拼法吗？看来只能用3个锐角1拼直角，如图4-16。

图4-16　3个锐角1拼直角

追问：能用三副三角尺拼出锐角吗？能用三副三角尺拼出钝角吗？

设计意图：本环节通过三个层次的设计，让学生运用已有的知识和经验，从不断地尝试拼角，到慢慢地拼出指定的角，使学生更加了解直角、锐角和钝角，在这一过程中，学生体会到小组合作的重要性以及合作成功后的喜悦感。

（三）活动回顾，全课总结

回顾今天拼角的活动过程，看看我们是怎么拼角的？

设计意图：通过回忆，让学生再次将拼的过程在脑子里重现，更加巩固了对锐角、直角和钝角的认识。

通过上面三个教学片段，我们清楚地认识到，数学行为操作活动经验的获取离不开数学操作，数学操作活动指在数学教学过程中，针对学生学习数学知识时的一种动手实践性活动。根据数学教学内容和教学目的要求，结合学生的年龄特征，教师有计划、有目的地组织学生利用有关工具（如纸张、剪刀、测量工具、实物、计算机等）进行折、剪、拼、测、画等操作活动，获得初步的数学行为操作活动经验，行为操作活动经验中含有丰富的技能性成分。

学生数学活动经验的获得与外显的行为操作活动紧密相关。具体实物材料的摆弄和操作活动等"外在的活动"，能促进学生理解数学对象，获得数学意义，发现数学对象性质和特点。虽然根本性的数学活动还需要学生从行为操作活动上升到理性思考的活动，需要学生从不同角度分析数学对象的形或者量之间的关系，分析、推演由它们衍生出的知识、法则、命题之间的关系，但是通过让学生有目的的操作一些学具，然后进行讨论和交流，引导学生进行深度思维，可以让学生不仅获得一些数学行为操作活动经验，还能发展学生的数学思维。有时一些数学活动需要分工合作，就实际操作而言，在分工中的角色可能有直接操作者，也可能有辅助操作者，这时两者的感受和获得的知识是有区别的。有的数学活动需要讨论交流，此时，学习共同体成员之间对所进行的数学活动的展示、对比、反思、交流和讨论，也会使个体通过借鉴他人的智慧和启示，调整自己在数学活动中的所思、所想和所感，实现数学活动经验的积累与提升。

第 五 章

基于数学探究活动经验的教学实践

第一节　对探究活动经验的认识

一、什么是数学探究活动

探究，《现代汉语词典》给出的解释是"指学生在学习情境中通过观察、阅读，发现问题，搜集数据，形成解释，获得答案并进行交流、检验、探究性学习。"《义务教育数学课程标准（2011年版）》对探究活动的定义是指围绕已有问题的解决而展开的数学活动。从这两个定义来看，探究包含了从问题的发现到解决的全过程，在这个过程中所开展的观察思考、假设验证、归纳总结等数学活动都属于数学探究活动。

因此，数学探究活动经验，既包含了外显行为的操作活动，也包含了思维层面的操作活动，融行为操作与思维操作于一体，是对具体操作活动经验的抽象化、数学化的过程，这个过程无论如何都不能完全脱离行为操作，所获得的经验依然是直观经验。

二、数学探究活动的特征

从具体的理论研究和实践来看，数学探究活动经验，有四个特征：

1. 结论未知

结论，并不是结果。结论包含得到结果的论证过程，而这个过程并不是唯一的，所以探究的结论是未知的，不要给学生的探究活动圈定框框，设定唯一的结论。需要学生自己在开动脑筋、自主创造的过程中提出假想论断，通过搜集资料、整理资料、分析问题，进而论证假想，最后解决问题，得出结论。

2. 学习自主

学生是认识的主体，发现的主体，实践的主体，发展的主体，自主是探究性活动的根本。探究性活动的显著特点就是强调学生的主体地位，重视学生的自主探究与创新。探究活动往往以小组形式开展，通过小组成员的协同合作，共同完成小课题的探究任务。学生探究性活动形式常有：社会调查、操作实验、收集资料、交流辩论等，这些方式都需要学生的自主参与，通过这些方式方法培养他们的协作能力和小主人意识，为将来参与激烈的社会竞争打下扎实的心理基础。

3. 过程开放

探究活动课题的选择，学习的形式，学习的空间及学习的结论都是开放的。探究性活动强调活动内容紧贴生活实际，具有现实性。根据儿童心理发展的特点，有目的地提供一些可探究的主题内容，引导他们接触社会、实践生活。要开放时间、空间，让学生结合生活经验自主探讨，在开放的过程中对问题进行深入地探究。必要的时候可以让学生通过开放式的课堂来进行探究活动。

4. 注重体验

数学探究学习注重学生在学习过程中的体验。由于探究学习结论未知、主体自主、过程开放，所以，探究性学习相对于其他数学活动来说，更重要的就是注重过程的体验。要让学生通过探究，感受探索的乐趣和收获的喜悦，不仅在知识和技能上有所提升，在个人情感、态度、价值观上也能有更多的收获，培养学生勇于突破常规思维，寻求更新、更高的解决问题的方案，形成灵活、富有创造性的思维方式和求实的科学态度。

由于数学探究活动经验既有数学行为操作活动，也有思维活动成分在内，故这四个特征与他们有共性也有区别。数学行为操作活动经验更注重直观认知，数学思维活动经验更注重规律发现，而探究活动经验更注重结论获取；数学行为操作活动经验更注重以具体概念为思维对象，数学思维活动经验更注重以数学关系为思维对象，而探究活动经验更注重以问题解决为思维对象。

三、探究活动经验的积累

探究活动经验，一般来说是经过探究活动获得的直接经验，既有外显行为的操作活动，也有思维层面的操作活动，融行为操作和思维操作于一体，其价值取向在于解决问题。从具体研究和实践来看，探究活动经验的积累要经历四个过程：

1. 观察获取

观察是一种基本学习方法，观察方法的积累，是探究经验积累中的基础部分。数学学习中的观察，是学生有意识地对学习对象进行感知、查看，通过感知和查看寻找最基本和最直观的规律，获得原始的数学经验。

2. 操作感悟

数学是一个抽象的学科，小学生的认知水平是以具体直观为主，因此通过观察得到的假设，需要通过具象事物或者具体操作来进行感受，在感受的过程中加深对观察所得的体会或者进行验证，充实最原始的经验。

3. 合作内化

数学学习的目的是发展数学思维，数学思维的建立需要将各种基本经验进行梳理归纳建模。合作交流是一种行之有效的方式，通过辩论、分析等方式，感受群体智慧的交汇，将散碎的经验点逐渐梳理成体系。

往往，我们在具体操作的时候一般会将操作感受和合作内化两个过程合并在一起，在操作的同时进行合作讨论，归纳梳理。

4. 具体运用

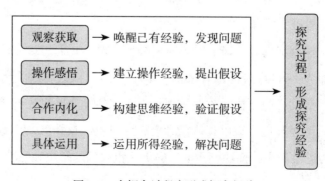

图5-1　在探究过程中形成探究经验

　　探究活动的价值取向在于解决问题，因此我们的教学最终还要回归到解决实际问题，在解决问题的过程中，再次经历抽象概括的过程，由表及里，由浅入深，最终将形成的数学知识模型巩固，如图5-1所示。

第二节　探究活动经验的研究领域
内容梳理及分析

数学活动经验类型			数学探究活动经验	页码
序号	册数	内容名称	内容简介	
1	1	认识图形（一）	本节课需要学生通过观察，摸一摸的活动，从积木中抽象出立体的几何图形，并通过比较等掌握几何图形的特征	31
2	4	有余数的除法	探索平均分后有剩余的事实抽象成有余数除法的过程，初步理解有余数除法及余数的含义	1
3	5	周长是多少	探究不规则图形的周长，可以用数方格的方法，还可以通过转化为规则的图形来求	46
4	5	多彩的"分数条"	探究 $\frac{1}{2}$、$\frac{1}{6}$、$\frac{1}{8}$、$\frac{1}{16}$ 与1之间的关系，再探究各个分数之间的关系	96
5	6	动手做	在月历表中框数，探究这些数的关系	50
6	7	运动与身体变化	测量脉搏，制成统计表，积累测量探究的经验	54~55
7	7	怎样滚得远	收集、整理数据，求平均数、角的测量等数学知识和方法的综合应用，小组合作，积累探究经验	98~99
8	8	用计算器探索规律	经历用计算器探索规律的过程，借助计算器探索并发现一些算式中蕴含的简单规律	40~41
9	8	一亿有多大	感受1亿的大小，引导学生思考如何验证自己的猜想，探讨研究的方法	46~47

续　表

数学活动经验类型			数学探究活动经验		页码
序号	册数	内容名称	内容简介		
10	8	认识三角形	通过用小棒拼摆，边操作边思考，结合交流明确三角形的三边关系，接着再通过撕角拼角，了解三角形的内角和为180度		77～79
11	8	多边形的内角和	通过量一量、算一算多边形的内角和，找到多边形内角和的关系		96～97
12	9	平行四边形面积	动手操作，将平行四边形转化成学过的长方形，从而推导出平行四边形的面积计算公式		7～8
13	9	三角形的面积	动手操作，将三角形转化成学过的平行四边形，从而推导出三角形的面积计算公式		9～10
14	9	梯形的面积	动手操作，将梯形转化成学过的平行四边形，从而推导出梯形的面积计算公式		14～15
15	9	用计算器计算	通过计算器探索发现一些简单的数学规律		52～53
16	11	长方体、正方体的体积	通过测量、探索，发现长方体、正方体的体积公式		16～17
17	12	圆柱的体积	经历猜想——验证的过程，探索圆柱的体积计算公式，发展合情推理和初步的演绎推理能力，体验数学研究方法		15～16
18	12	圆锥的体积	通过操作、观察、猜想、交流和归纳等数学活动，经历圆锥体积公式的探索过程，体会用实验研究问题，获得结论的方法，积累立体图形学习经验		20～21

第三节　基于探究活动经验的课堂实例分析

多边形的内角和

【活动内容】

苏教版小学数学四年级下册第96～97页活动。

【活动目标】

1. 使学生通过观察、操作等具体的活动探索并发现多边形的内角和与它的边数之间的关系，并用自己能够理解的方式表示发现的规律。

2. 使学生经历探索多边形内角和的活动过程，积累探索和发现数学规律的经验，发展空间观念，培养动手操作和合情推理的能力。

3. 使学生在参与活动的过程中进一步产生对数学的好奇心，感受数学学习的挑战性和趣味性，增强学好数学的信心。

【活动过程】

（一）揭示课题，明确探究方向

1. 谈话导入、复习旧知

提问：同学们，今天老师从图形王国给大家带来了一些老朋友，都认识吗？如果把这些图形，按边的数量来分分类，可以分为哪几类呢？

小结：像三角形、四边形、五边形、六边形这样的图形，我们都可以把它叫作"多边形"。

2. 提出问题，揭示课题

提问：在这些多边形中，边数最少的是三角形，你知道三角形都有哪些特点吗？

小结：看样子，同学们对三角形的了解还真不少。虽然这三个三角形的形状各不相同，但是它们的内角和都是180°。

揭题：那剩下的这些多边形的内角和又是多少度呢？边数更多的多边形呢？这里面是否存在规律呢？今天这节课，我们就一起来探究"多边形的内角和"。

设计意图：利用学生已有的知识经验——三角形的内角和，提出探究四边形、五边形、六边形等多边形的内角和，明确学习任务，激励学生主动探究，激发学生学习的兴趣。

（二）探索四边形的内角和——方法多样

1. 明确研究顺序

提问：想一想，要想知道剩下的这些多边形的内角和各是多少度，你觉得从"几边形"开始研究比较合适？说说你的理由。

追问：那研究完四边形后，我们可以研究"几边形"？然后呢？

2. 唤醒认知，感悟内角和

提问：接下来，就让我们从四边形开始今天的研究。你能算出长方形和正方形的内角和吗？能说说你这样算的理由吗？

说明：长方形、正方形是特殊的四边形，它们四个内角都是直角，所以我们很容易就能计算出它们的内角和都是360°。

3. 提出猜想

猜想：那这个四边形呢？猜一猜，你觉得它的内角和可能会是多少度？

4. 验证

（1）谈话：同学们都猜这个四边形的内角和是360°。不过，既然是猜想，那我们接下来需要做的事情是——验证。

过渡：为了方便研究，课前老师给每位同学都准备了一个相同的四边形，接下来就请同学们用这个四边形试着去验证一下你的猜想，开始吧。

（2）学生各自操作，教师巡视收集资源。

（3）交流。

层次1：同时出示两种"量一量"的方法。

提问：知道他们是用什么方法来验证的吗？

追问：都是用"量一量"的方法量出了四个内角的度数，可是算出的内角和一个是360°，一个是359°，为什么会这样呢？

补充说明：换句话说，用"量一量"的方法，很有可能会因为测量方法的问题，出现一些误差，这样就很难得到一个统一的结果了。

层次2：出示用"拼一拼"的方法。

提问：你知道他是怎样想的吗？（方法：把四边形的四个内角拼在一起，可以拼成一个周角是360°，所以四边形的内角和是360°）

追问：你觉得在"拼一拼"的过程中要注意什么呢？

说明：看来用这种"拼一拼"的方法操作起来比较麻烦，稍不注意也容易出现误差。

层次3：依次出示用"分一分"的方法。

① 出示正确的。

提问：这名同学的验证方法比较独特，你能看懂他的想法吗？

补充说明：换句话说，像这样把四边形分成两个三角形后，两个三角形6个内角的总和，正好等于原来四边形的内角和，所以我们可以用180°×2计算出这个四边形的内角和是360°。

② 出示错误的。

辨析：还有一名同学的作品，他也采用了"分一分"的方法，算出的内角和是540°，同意吗？

补充说明：的确，我们在用"分一分"的方法研究四边形的内角和时，要尽量做到分出来的图形的内角总和，正好等于原来四边形的内角和，最好不要多出新的角来。

层次4：比较优化验证方法。

提问：刚才我们分别用了"量一量""拼一拼"和"分一分"的方法验证

了四边形的内角和。比较这三种验证方法，你更欣赏哪一种？说说理由。

提问：现在我们能确定这个四边形的内角和是多少度了吗？是多少度？

5. 特殊到一般

追问：这个四边形的内角和是360°，那其他形状的四边形内角和又是多少度呢？如果让你继续研究，你会选择哪种方法？

谈话：接下来，请同学们在第一张研究单上，画一个任意的四边形，继续用这种"分一分"的方法研究它的内角和。

学生各自操作，教师巡视。（收集几个形状不同资源展示）

交流：现在你对四边形的"内角和"又有什么新的认识呢？

小结：也就是说，四边形内角和的大小与它的形状无关，只要是四边形，它的内角和就是360°。

设计意图： 在解决一些较为复杂的问题时，我们常常可以从简单的问题想起，进行有序的思考。解决问题方法的多样化能有效发展学生思维，量一量、拼一拼、分一分等不同角度让学生经历"感悟—猜想—验证"的探究过程，以学生自主探究，小组讨论为主线，促进合作探究的能力，培养学生发现问题，分析问题和解决问题的能力。

（三）探索五边形、六边形的内角和——"分一分"的方法

1. 提问

刚才我们已经研究出了四边形的内角和，接下来你准备研究几边形？然后呢？

2. 收集资源

学生各自操作，教师巡视，收集资源。

3. 反馈交流

（1）交流五边形。

层次1：同时出示三种情况。

谈话：同学们，音乐停了，分享的时刻又到了。我们先来看一看五边形内角和的研究情况。

提问：这几名同学研究出的五边形内角和都对吗？你有什么想说的？

小结：也就是说我们在分的时候要尽量做到内角和不变。

层次2：同时出示两种正确的。

提问：剩下的这两种研究方法，都研究出了五边形的内角和是540°（板书：540°），你们能看出他们的研究有什么相同的地方吗？

追问：为什么要把五边形分成三角形或四边形呢？

补充说明：的确，当我们在研究"五边形的内角和"这个我们还不会解决的"新问题"时，可以把它合理地转化成我们已经"能够解决"的问题。比如，转化成"三角形"或"四边形"，再求出它的内角和。

（2）交流六边形（依次出示5种情况）。

谈话：其实，研究"六边形的内角和"问题同样可以如此。

介绍：比如，这些同学都把六边形分一分，转化成了4个三角形。还有些同学把六边形分成了两个四边形。虽然分的方法有所不同，但都研究出了六边形内角和是720°。

设计意图：在探究中让学生感受到推理的逻辑性，从而感受到要学习的新知识，应该从已有知识经验和生活经验入手，从简单知识有序地进行推理，是解决问题的有效途径。

（四）再现研究过程，统一转化方法

1.比较感悟，优化方法

谈话：你们觉得在方法1、方法2和方法3中，哪一种方法更有利于我们发现规律呢？同学们可以先想一想，再和你们的同桌交流一下你的想法。

提问：有结果了吗？谁来把你的想法和大家分享一下？

小结：确实，虽然这些不同的分法都可以研究出某一个多边形的内角和，但是像第一种方法那样，从一个顶点出发，有序的连一连，都分成三角形，会更有利于我们发现规律。

补充：（指着四边形说）就拿四边形来说，它可以被分成两个三角形，所以我们可以用180°×2算出它的内角和，五边形又可以分成几个三角形呢？内角和可以怎样计算？六边形呢？（板书：360°=180°×2、540°=180°×3、720°=180°×4）

2. 练一练

想象：想象一下，如果是一个七边形，还是像这样从一个顶点出发分一分，可以分成几个三角形？内角和可以用180°乘几？八边形呢？

验证：结果是不是和我们想象的一样呢？带着你的猜想在第三张研究单上任意选择一个多边形试着去分一分、算一算。

交流：有结论了吗？七边形的内角和可以怎样算？八边形呢？

（板书：900° =180° ×5、1080° =180° ×6）

设计意图：数学研究得到一个结果固然很重要，但是有些时候，再回过头来看看我们研究过程、优化研究方法会更有利于我们探究并发现规律，优化方法也许会有新的收获。

（五）抽象概括，得出计算规律

1. 逐步发现数量间的关系

提问：刚才我们又用"分一分"的方法研究出了七边形和八边形的内角和，回忆我们研究的过程，你觉得多边形内角和可能和什么有关？

渗透两个关系，弄清一个问题：

（1）多边形的"内角和"与分成的"三角形个数"有关。

（2）多边形的"内角和"与三角形的"边数"有关。

提问：分成的三角形个数与边数之间好像还有联系呢？你们发现了吗？

生：三角形个数总比多边形的边数少2。

师：是不是这样呢？我们一起来算一算。（三角形的边数：3，三角形个数：1……）

师：分成的三角形个数确实比边数少2，为什么会这样呢？

2. 抽象概括计算规律

提问：那如果是一个十二边形，可以分成几个三角形？内角和又可以怎样计算呢？

追问：像这样你还能算出其他多边形的内角和吗？谁来举个例子。

提问：这样的例子举得完吗？那你能用一个式子表示多边形内角和的计算方法吗？（板书：多边形内角和=180° ×三角形个数）

完善计算方法：刚才我们已经知道三角形个数总比多边形的边数少2，所以我们还可以把多边形内角和的计算方法写成180°×（边数−2），这样更加合适。

设计意图：探究分成的三角形个数和多边形边数之间的联系，让学生发现其中的规律，从而使学生能够顺利地抽象出多边形内角和公式，提升学生的发散思维。

（六）回顾反思，课堂总结

谈话：同学们，经过大家的共同努力，我们已经研究出了多边形内角和的计算方法。回顾我们探索和发现这个计算方法的过程，你有什么体会和大家分享吗？

（1）从简单问题想起。

（2）有序思考。

（3）新问题，"转化"能够解决的问题。

……

谈话：其实，在我们以前的数学学习中，也用到过"从简单问题想起，进行有序思考"的方法。比如，比较复杂的计算问题，我们可以从简单的$1×1$、$11×11$、$111×111$想起，进行有序的思考，发现里面的规律；

再比如，求三角形个数的问题，我们也可以这样来研究。在今后的学习中我们还会遇到很多探索规律的问题，相信到了那时，同学们一定会有更多的收获！

设计意图：让学生回顾探究和发现多边形的内角和规律的过程，使学生体会探究规律的一般方法，启迪学生的数学思维，提高学生分析问题和解决问题的能力。

我们的思考：

本节课是在学生已有知识经验基础上，设计了一系列探究活动，让学生经历观察、思考、推理、归纳的过程，体会从特殊到一般的探寻规律方法。

1. 经历"猜想+验证"，体会转化思想的运用

在探究新知之初，教师鼓励学生猜想任意四边形的内角和，并动手验证。

学生很快呈现精彩而又丰富的方法，在辨析的过程中，充分感受到转化的思想在解决问题中的作用。他们收获的不仅是数学知识，更重要的是习得了解决问题的策略和方法。

2. 发展代数思维，积累探究活动经验

在学会用转化的思想初步探索四边形内角和之后，教师组织学生继续探究五边形、六边形等的内角和，同时不断引导学生观察和发现：每次分割出的三角形个数与多边形边数之间的关系，并将这一关系符号化、一般化、结构化，从而概括出 n 边形的内角和计算公式。在探索新知的过程中，发展了学生的代数思维，帮助学生积累了数学探究活动经验。

在月历表中框数

【活动内容】

苏教版小学数学三年级下册第五单元"年、月、日"第50页动手做。

【活动目标】

1. 通过框数活动，探究每次框出的数之间的关系，能正确、灵活地计算每次框出的几个数之和。

2. 经历动手做、发现思考、总结应用的活动过程，积累基本的数学行为操作活动经验、探究活动经验，提高探究规律的兴趣与能力，发展数学思维。

3. 在主动参与学习的过程中，进一步体验数学学习的快乐，增强学好数学的信心。

【活动过程】

（一）激趣导入

谈话：老师为每位同学都准备了一份月历表（出示月历表摆在投影上），

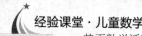
同学们猜猜看今天我们要研究什么？（师相机板书）仔细观察月历表，你有什么发现？

生：这是2018年4月的月历，这个月有30天。

生：一个星期有7天……

生：横着看，月历表中的数1个1个增加；竖着看，7个7个增加。

……

设计意图： 学生是在认识了月历表的基础上进行框数探究活动的，而月历表是此次探究学习的重要辅助学具，导入式的谈话既是唤醒学生已有知识经验，更是为发现月历表中各数之间规律作铺垫。

（二）探索规律

探究"横、竖、斜"着框三个数和的规律。

过渡：（师把游戏框随手摆在月历表上），这是一个神奇的游戏框，被它框出的数，能告诉我们很多有趣的数学秘密，你们认为它可以怎样框月历表中的数吗？

让学生上台演示框法，边动手演示边讲解具体操作方法。

师：同学们能一下想到这么多不同的框法，真了不起。你们想到的这些框法老师也早已准备好了，请小组长打开信封，小组内分工，每位组员选择一种框法研究。

活动要求：

1. 框一框

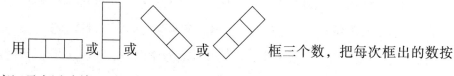

用 [ ][ ][ ] 或 [ ] 或 [ ][ ] 或 [ ][ ] 框三个数，把每次框出的数按顺序记录在活动单上。

2. 算一算

这三个数的和是多少？

3. 想一想

每次框出的三个数之间有什么关系？记录你的发现并在小组里和同学交

流，如表5-1所示。

表5-1 活动记录单

我是这样框的：(横、竖、斜)	框出的数			和（列式计算）
	( )	( )	( )	
	( )	( )	( )	
	( )	( )	( )	
我的发现：				

学生分工后小组内操作、记录、探究。

设计意图：形象化的操作"框"能让学生的注意力指向更明确，这是有效探究的第一步。学生是课堂学习的主人，鼓励学生走上讲台，大方发表自己的见解，逐层引领学生主动而深入地展开学习。

集体交流，请学生上台汇报。

层次一：

呈现两张都是"横着框"但求和方法不同的作业资源，请学生上台把自己的发现和同学们分享。

（1）发现相邻数之间相差1。

（2）发现横着框，3个数的和=中间数×3。为什么有这个规律呢？举例说明原因，师相机板书（移多补少）。

师补充说明"横着框，3个数的和=中间数×3"的优势，如：1+2+3用加法计算很快，但如24+25+26用25×3算要快得多。

设计意图：探究"横着框"的3个数之间的关系及其简便求和的方法是本课活动具体的知识目标之一，让学生经历"操作观察—例证发现—抽象提炼—灵活应用"的探究过程，数学思维得以训练。

层次二：

猜想：横着框，3个数的和=中间数×3，竖着框、斜着框（左斜、右斜）是不是也有这种规律呢？

猜想、探究、验证。

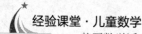
请选择（竖框、左斜框、右斜框）框法的同学上台汇报。

相机板书：

竖着框，3个数的和=中间数×3。

斜着框，3个数的和=中间数×3。

设计意图：学生根据之前探究经验的积累，自主操作探究，充分交流辨析，逐步悟出数与数之间的规律，数感得以增强。在较多典型数据的观察、计算及推理中，在不同框法资源的对比、整理中，学生逐渐体悟到其中蕴藏的规律，结论的获得也就水到渠成了。

应用：小游戏——猜数字。

出示一张不完整的8月份的日历。

（1）你知道"？"背后藏着的数字是几吗？（如竖着呈现"？""13""20"；斜着呈现"9""15""？"等）

（2）三个数的和是39，请问框出的数分别是多少？三个数的和是33呢？

设计意图：应用环节的活动设计，是为了进一步强化学生对数之间联系的认知。当发现"和是39"的框法居然有四种时，学生对规律的形式之美、内涵之美会有更深的体验。

（三）拓展思维

1. 谈话

这是一个神奇的游戏框，它带着我们领略了三个有联系的数字之间有趣的规律，如图5-2所示。你还想继续玩吗？这次你想用一个怎样的游戏框来研究什么呢？

预设：

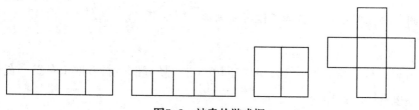

图5-2　神奇的游戏框

......

2. 探究分享

交流层次一：

选择框5个数，在月历表上画一画，你们发现5个数之间神奇的规律了吗？

发现：5个数的和=中间数×5。

交流层次二：

（1）横着框5个数，通过移多补少，5个数的和=中间数×5。

（2）追问"十字型"的框法：为什么也可用"中间数乘5"来求和？

3. 延伸

同学们真爱动脑筋，通过自己的努力收获了一个又一个了不起的数学发现，你们真棒！今天，我们主要研究"月历表中的数学问题——框数"，在月历表中，框4个数时，还能得出上面的规律吗？相信同学们一定能在课后和老师、同学将这个话题研究透彻。

设计意图： 在学生初步积累了探索排列规律与求和经验的基础上，鼓励学生举一反三，继续体验框数的数学魅力。"框前猜测—框中例证—框后提炼"，学生的思维进一步深化，数学活动经验进一步内化和优化。

我们的思考：

这是"年、月、日"单元后"动手做"栏目中的一个练习，基于学生已有的知识经验，逐层地呈现了问题情境，给出一个框（框出3个数），"可以怎样框？横框、竖框、斜框，框出的3个数有怎样的规律？与它们的和又有怎样的关系？"等问题的引领，在探究活动中让学生通过操作、观察、比较发现了其中的规律，每个环节都进行了充分的预设和层次的引导，在多次操作活动中多层次积累探究活动经验，从而找寻与发现月历上的规律所在。动手探究课不仅注重过程的体验，更是关注学生在活动过程中的感悟与思维，本课中多次运用合作的方式让学生进行探究活动，积累了大量的合作、交流经验。在课的建构上多一些放手，少一些"引"，让学生自己去研究，促使学生往更高层次的探究水平上发展。

数学是一门抽象的学科，如何将抽象概念转换成具体的形式，对于学生，尤其是低年段学生掌握抽象概念，具有十分重要的意义。从上面两则案例，我们可以清楚看到，探究活动是基于行为操作，并融入思维操作的一种学习方法，能帮助学生体验从具体到抽象的过程，达到新课标指出的"在做的过程和思考的过程中积淀"的效果，完成数学经验的积累，提升他们的数学思维能力。我们在具体教学中，要结合教学内容，设计有效的探究活动，给学生创造经历活动体验的条件，让学生经历数学模型构建的全过程。

探究是以问题为导向的学习过程、学习技能。以外显行为的操作活动为主体，通过思维层面归纳、总结等操作活动，将操作活动经验逐步内化成直观数学经验，并且将这种数学经验用来解决问题的完整的过程。要让学生有充分的表现机会，充分激活每名学生的原始思维状态，学生在交流中产生了思维的碰撞，已有的活动经验不断被激活并融入进来，本来有缺陷的经验逐渐被修正。同时，学生的思维也得到了提升，具有生长性的数学活动经验，少不了学生主动的行为参与，更离不开学生自觉的思维参与。学生只有从具体问题入手，引导学生进行具体操作，让学生从操作进行猜想，再通过操作进行验证，这样一个认知过程，逐渐将学生的操作从行为层面过渡到思维层面，又从思维层面回归到操作层面，把抽象概念的形成具体到一个个操作的生成中，并不断通过操作巩固印象，让探究经验不断累积，逐渐内化，完成直观经验向数学经验的转变。这样多次的操作、观察、比较、分析，逐步抽象概括，再通过相似延伸的猜想和验证，不断加深和巩固学生的数学活动经验。我们知道，帮助学生形成数学概念是需要猜想、验证的数学探究方式，这样的数学活动经验是具体的、丰富的，抽象思维是整体的、深刻的，不仅在数学知识体系构建上达到较好的效果，也给学生传递了一种学习的态度和方法。

第 六 章

基于数学思维活动经验的教学实践

第一节 基于经验让数学思维清晰可见

　　说，顾名思义指学生在数学课上有声的语言表达；写，很多人会理解为做，说是师生互动、生生互动的一种表现，彰显课堂的活力，写正好相反，写是安静的思考和独立的纸笔训练。所以，大部分的教师都选择说，而不愿意写，但数学的本质决定学生必须安静地思考，让其数学思维得到沉淀，写是课堂上必有的环节。而我们这里的写并不是单纯的做题，而是把有声的单一的语言表达转化为文字的书写、符号的运用，把自己对问题的理解撰写于纸上，再进行沟通，它不同于解题，是学生对问题理解的一种无声表达，这种无声是为了更好的"有声"，把课堂上的资源运用得更加充分，让学生的思维得到完整的展现，提升课堂教学的效率和价值。

　　说能让课堂的参与者直接感受到个体对知识的理解，甚至说出更多生成性的资源。课标指出"合理的利用生成性资源有利于提高教学的有效性"，在说中推进课堂的发生和发展，而且往往精彩的说能提升课堂的厚度，创造课堂的精彩。但说也有一定的局限性，因为语言的表达能力并不是人人相同，同样也不是人人都愿意表达，而且个体的说会影响他人的判断，特别是意志不坚定者，当自己的想法不如别人时，他们就会选择自我沉默，把自己的数学思维掩盖，这样课堂的"面向全体"就不能真正地实现。笔者在教学时往往就有这样的尴尬，本来一个问题出示，有较多的愿意表达者，但当某一位学生论述后，其他相类似想法的学生都自觉地放下手，这种落差给人一种压抑感，也让课堂显得特别单一。写就可以很好的杜绝这个现象，学生把自己的数学思维落于纸上，这样就不会随着他人的回答而消失，更不会因为他人的回答而模糊自己的想法，教师在选择回答者时也更有针对性，这样就能更好地利用学生的资源来推进课堂的发生和发展。同时，学生在不断地书写表达中，与说结合，学习的经验得到了增长。

"什么时候写？写什么？怎样写？"这三个问题就成了我们在教学中思考的主线，写的时间不对，学生就不知道写什么；写的过多，课堂教学就不能得到保证；不知道怎样写，写出的内容就不能为课堂服务。总之，写很有学问。结合常州市的小数课堂教学结构，经过一段时间的实践和思考，我们在写上慢慢地有了如下的经验：

一、研读教材，提出有向开放的问题

教材亦是教学的资源，它是根据课标形成的标准性参考书，课堂上我们应该用教材教。很好地研读教材，就能从中找到问题的方向。苏教版教材有明显的特色，"大卡"和"小卡"的加入，不仅指明了教学的方向，更为教学的目标提供了标准。

例1：

在五年级下册"异分母分数比较大小"这一课中，大卡提出的问题为"谁看的页数多？"三个小卡在告知教师教学时，学生应该学会哪几种表达方法，如果没有，我们需要引导他们理解正确。这样的教材，思路清晰，我们即使单纯的"教教材"，也能让学生在学习中有收获，获得的知识更加的开放。同样教材中也给我们指明了学生"写"的方向，我们把"谁看的页数多"抛给学生，学生从中感悟"只要比较这两个分数的大小"，接着，他们就能"写"出小卡中的每一种思路，让笔下生花。我们其实不必为写的问题发愁，教材中每一节新授课都是由问题引导学生探索，我们只要充分地把握这些问题，就能让学生在"写"中找到方向。比如，就这个问题，我们收集到如图6-1所示的资源：

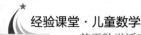

小明和小芳看一本同样的故事书。

我已经看了这本书的 $\frac{3}{5}$

我已经看了这本书的 $\frac{4}{9}$

小芳　　　小明

只要比较这两个分数的大小。

谁看的页数多？

可以画图比较。

把这两个分数与 $\frac{1}{2}$ 比较。

$\frac{3}{5} > \frac{4}{9}$

$\frac{3}{5} > \frac{1}{2}$　$\frac{4}{9} < \frac{1}{2}$

……

先通分再比较。

$\frac{3}{5} = \frac{27}{45}$　$\frac{4}{9} = \frac{20}{45}$

因为 $\frac{27}{45} > \frac{20}{45}$

所以 $\frac{3}{5} > \frac{4}{9}$

图6-1　异分母分数比较大小

通过学生的书写，我们就可以发现他们对问题理解的思路，同时很好地整合了书上另一个问题"你还有其他比较的方法吗？"

当学生已经在问题下写出经验时，你会发现只要有适切的问题，学生就能"写"出适切的答案，而且每种"写"都能彰显学生的智慧，丰富课堂的内涵，如图6-2所示。

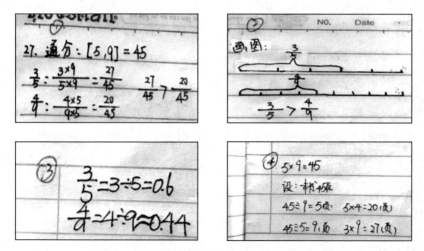

图6-2　学生书写"异分母分数比较大小"

二、舍得时间，经历个性化的自主探索

时间是学生写的保障，说可以很快，但写却很慢，说可能会在脑海中留痕，但写一定能在脑海中留下深深的印记。说有时不清，写却可以理顺。在以往说的教学中，我们的问题抛下，学生或是独立思考，或是与同桌交流，其实都是在花费时间，而现在，学生得到问题的指令后，就可以自己边写，边整理思维，相同的时间，却可能得到不同的效果。而且这种探索没有交流，完全是学生个性化的展现，可以另类，但却要表达出自己对问题的理解。

例2：

五年级下册"公倍数和最小公倍数"这一课中，有个问题是：请找出6和9的公倍数和最小公倍数。怎样找是这个问题的核心，学生如果用语言表达可能有以下的三种：

（1）分别找出6和9的倍数，再找出它们的公倍数或是最小公倍数。

（2）先找出6的倍数，再在6的倍数中找出9的倍数，就能找到它们的公倍数和最小公倍数。

（3）先找出9的倍数，再在9的倍数中找出6的倍数，就能找到它们的公倍数和最小公倍数。

学生的这三种思路非常的全面，教师根据他们的回答出示相应的多媒体课件，课堂堪称完美。但真的完美吗？学生有了思路就一定能够进行正确的解答吗？这显然不一定，因为作业中的错误在告知我们一切，而且学生没有经历这种方法运用的过程，其印象就不深刻，更不能感受到"找"的意义。而"写"不仅是方法的表达，更是省去教师书写的辛劳，同时学生感染学生，其效果更佳。下面就是我收集的学生"写"的资源，如图6-3所示：

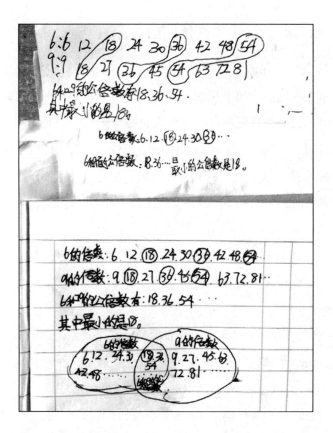

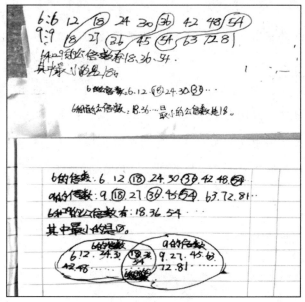

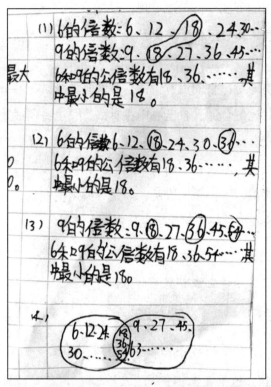

图6-3　学生书写"6和9的公倍数和最小公倍数"

通过写，你会发现不同层次的学生会有不同的表现，优秀的学生明显能在有限的时间内做出更多的方法，而后进生也能找到一种适宜自己的方法，找到课堂学习的自信。

弗赖登塔尔说过：我们应该让学生经历再创造的过程，因为只有经历这样的过程，他们才会印象更加深刻。"说"是一种创造，但"写"能把这种创造发挥得更加极致。课上，我们舍得花时间，就能为学生的"写"作保障，就能让学生在"写"中创造出更多的智慧。

三、点亮智慧，进行结构化的资源呈现

学生的资源就是课堂教学最好的催化剂，如何收集资源，怎样呈现资源，这都蕴含着教师的智慧和课堂的驾驭能力。我们对资源呈现这一环节经历了如下的过程：

初始，把学生的资源一份份地呈现，非常单一，学生不能在资源中捕捉到更多有价值的信息，而自己也手忙脚乱，不停地换。资源没有为课堂服务，反而成为一种累赘。

改观，部分资源对比呈现更有价值，我们开始尝试把部分资源进行对比呈现，但哪些资源对比更合适，自己心中没有概念，虽有所改观，但还是没能更好地把握资源的价值。

进化，随着经验的增长和不断吸取失败的教训，我们开始对资源的收集和对比有了一定的认识，不再手忙脚乱，而是有一定的规划，哪些要对比呈现，呈现的先后顺序的安排，我们想让学生从资源中获得的信息都有了保障。

例3：

五年级下册"假分数化成整数和带分数"这一课中，对 $\frac{11}{4}$ 化成带分数学生资源的对比教学：

第一次对比：我们展现给学生的三份资源都是通过画图的方式来理解 $\frac{11}{4}$ 化成带分数的过程，这里虽然图形的方式不同，但得到的结果相同，思路一致。学生在这种形象的图例中理解转化的过程。虽然没有呈现书上第二种思路，但是学生其实在图形的表达中已经理解，或者说缺的只是一种语言的表达。

第二次对比：我们呈现了除法算式，这是利用分数与除法的关系进行运算转化。这名学生书写得非常详细，把每一个数字表示的是什么都进行了呈现，学生从视觉和听觉两种感官下理解转化的方法，如图6-4所示。

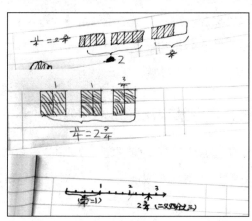

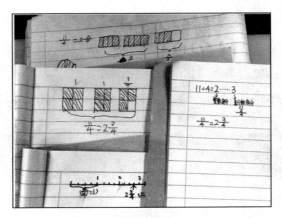

图6-4 假分数化成整数和带分数

这两次的对比，资源的摆放非常重要，如果第一次对比，资源是一份份地放，就显得非常的拖沓，一起放可以让学生一下对问题的理解有了发散性的感受。第二次对比呈现除法，是因为这种方法不仅是课堂的重点，更是另一种思维方式，如果我们和上一次同时呈现，那它的凸出性就不明显，更不能彰显这种思维的价值。总之，对于重要的关键性的内容要在摆放中利用科学的视觉感官来凸显，这样才能巧中生智。

呈现资源的过程就是一个不断打磨的过程，只有不断地去尝试，才能总结经验，有所感悟。现在的我们还在不断地进化当中，如何收集更好的资源，把资源利用得更加出色还需要不断地思考，再思考，行动，再行动。

四、激发精彩，创造序列化的互动交流

只写不说，这样的课堂成为静态，呈现出另一种极端，学生的智慧没有彰显，而课堂的精彩也没有得以呈现。我们应该在资源的对比中，进行相应的互动交流，让学生用语言表达自己的理解，在生生的碰撞中取长补短，共同进步。

例4：

五年级下册"真分数和假分数"的分类环节中：

师：我们在课堂的研究中已经接触了这么多的分数，你能给它们分分类吗？

学生独立分类，教师巡视收集资源。

资源运用：

师：老师发现，同学们产生了这些分类想法。我们请他们来介绍一下。

生：我是根据使用单位"1"的个数来分类的。一个单位"1"的、两个单位"1"的、三个单位"1"的，如图6-5所示。

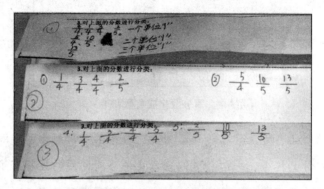

图6-5　根据单位"1"区分"真分数和假分数"

生：我是根据分子和分母的大小来分类的。分子比分母大的为一类，其他的为一类，如图6-6所示。

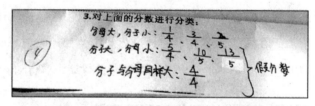

图6-6　根据分子和分母的大小区分"真分数和假分数"

生：我是根据分母来分类的。分母是4的为一类，分母是5的为一类。

生：我也是根据分子和分母大小来分类的，和第二位同学不同的是，我把分子分母相等的归为另一类。

师：面对这四种想法，你们觉得哪些分类方法更加合适呢？

生：我认为第二位同学和第四位同学的分类方法更合适。第一位同学的分类方法，如果有的用更多的单位"1"，那不是有很多种类了，那也太乱了；第三位同学的也是，分母不同就是一类，那我们岂不是不用分类了。

师：他论述的理由你们同意吗？

师：那也就是说大家都认为第二位同学和第四位同学的分类方法都很有道理，他们的区别在哪？

生：就是分子和分母相同的情况到底要不要列出来。

师：是啊，需不需要，我们可以从书中找到结论。

学生独立翻看教材对真分数和假分数的介绍。

很多学生举手。

生：这两种分法的想法和书上一样，但不同的是书上把分子和分母相等的没有列出来，也没有放在分子比分母小的一类，而是放在分子比分母大的一类。分子比分母小的分数叫作真分母，分子比分母大或和分母相等的分数叫作假分数。

师：虽然我们的分法和书上有出入，但我们的思维和书上是同步的，都是按分子和分母的大小进行分类的。现在我们对资源2进行修改，把 $\frac{4}{4}$ 应该放在后面，前面的一类叫作真分数，后面的叫作假分数，如图6-7所示。

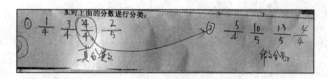

图6-7　区分"真分数和假分数"

师：学到现在，你们对我们探索真分数和假分数的过程有什么体会？

生：真分数和假分数是按分子和分母的大小分的。

师：我们都可以有自己的想法，但我们要通过别人的想法找到自己的不足和欠缺之处。（这是我在课堂上一直灌输的）

生：原来分子真的可以比分母大，它们就是假分数。

生：通过画图，我们对真分数和假分数的概念理解得更加清楚，真分数只要1个单位"1"，假分数要么把1个单位"1"全部用上，要么就用多个单位"1"。

师：是啊，经历了这样的过程，我们才能对知识理解得更清楚，不是吗？

萧伯纳曾经说过这样一句话："你有一个苹果，我有一个苹果，我们互相交换还是一人一个苹果，但你有一个想法，我有一个想法，我们互相交换，一人就有两个想法。"我们收集的每一份资源就是一种想法，当这些想法进行碰撞后，学生获得的将是对知识更高的认识和理解。同时，手、耳、眼、脑多重感官并用的学习方式，能够增强学生的接受程度，延长记忆保留的时间，对学生的学习和思维都是一种帮助。

五、停留等待，保障自主化的思维完善

当学生经历上面的四个过程，他们的思想有了转变，他们对知识的理解有了深入，但他们的书写可能还有欠缺，我们教师应该在此适当的停留，给学生自主化的思维完善时间，是内化，更是一种调整。学生可以在这段时间内消化他人的思想，更能整理经验，形成智慧，为下面知识的学习更好的出发。

例如，上面"真分数和假分数"的案例中，我们让学生对自己书写的资源进行修改，那学生就能在这个过程中把所看所听落实到行动中，真正的掌握真分数和假分数的概念。

如果没有完善的过程，就好比有头无尾的活动，戛然而止，不仅课堂结构不完整，也容易导致学生思维的断层和停留，养成不良的学习习惯。根据艾宾浩斯遗忘曲线的规律，我们的完善就是一个巩固的过程，可以让遗忘的区间延长，促使学生的脑细胞活跃和接纳。

总之，改变课堂的学习方式，先写再说，写为说护航，说为写增色。随着教学实践的深入，我们发现这种方式不仅在提升课堂的效率，更在增长我们和学生的经验，看到更多精彩的思维，也让我们对课堂变得有期待，让学生的学习变得有追求，让课堂变得更精彩。当然，我们的实践还在路上，怎样把这个过程做得更好，怎样在每节课中尝试运用，还需要不断地探索，不断地前行，期许未来更加美好。

第二节　直击思维深处　经验得以增长

我们一直致力于学生思维经验积累的研究，希望在课堂教学中，能够通过一些问题或者环节激发学生探究的欲望，直击问题的本质，发展核心素养。

在"体积单位之间的进率"一课中教材的例题非常简单，主导问题为"下面两个正方体的体积相等吗？为什么？"因为图中画的大小完全相同，相关的条件也都做了标示，学生通过图或者条件就能进行判断，轻松得到立方分米和立方厘米之间的进率。这样的例题，学生至多5分钟就能解决，那下面就开始练习吗？显然这样的课堂思维程度很低，无法展开更多的思维想象空间，学生的理解力在低水平徘徊，学生也难以形成有效的思维经验，难道这样的课就没有其他的研究方式了吗？

"大约有100个这么多"，在认识体积单位那节课中，学生在面对1立方厘米和1立方分米的正方体对比中，无意识下冒出的语言给了我们启发，为什么不让学生来探究"多少个1立方厘米的小正方体就能拼成一个1立方分米的正方体呢？"这个问题学生没有图的支撑，没有过多条件的扶牵，但同样能达到教学的目标，值得尝试。

带着这样的思考进入了课堂：

出示学具，唤醒：还记得这两个学具吗，请同学来进行介绍。

生：这个大的正方体的体积是1立方分米。

师：能具体说说1立方分米的大小吗？

生：棱长是1分米的正方体的体积是1立方分米。

生：1立方厘米指的是棱长是1厘米的正方体的体积。

师：大家对这两个学具的认识都非常的深刻，那你们认为多少个1立方厘米的小正方体就能拼成一个1立方分米的大正方体呢？即1立方分米等于多少立方厘米呢？（板书）自己想一想，也可以借助学具摆一摆，或把自己的想法记录下来，等会儿和大家交流。

（学生进行探究，巡视收集有用资源；互动交流）

层次一：正方体摆一摆

生：我是用小正方体摆的，我发现这条棱上可以摆10个，另一条棱上也可以摆10个，同样高度上也可以摆10个，那就需要10×10×10=1 000（个），所以我得到1立方分米=1 000立方厘米。

师：你的意思是说，一排摆10个，摆了10排，有这样的10层，所以是1000个。同时板书10×10×10=1000。（教师带领学生的具体操作，如图6-8所示）

图6-8　正方体摆一摆

层次二：画图研究

生：我是画图来研究的，首先我画了一个1立方分米的正方体，接着把其中的一个面平均分，因为1立方厘米的正方体的棱长是1厘米，因此1分米的边上就可以平均分成10份，一个面上就可以平均分成100个，那后面还有10层，所以100×10=1000，我也得到1立方分米=1000立方厘米。（学生讲解画图研究，如图6-9所示）

图6-9　学生讲解画图研究的过程

师：他的图不仅清晰，解说的也很到位，通过图你看到了1000了吗？

层次三：算式推导

生：我是直接推想的，因为棱长是1分米的正方体的体积是1立方分米，而1分米=10厘米，所以它的体积也可以当成棱长是10厘米的正方体来计算，就可以得到1立方分米=1000立方厘米。（学生解释推想，如图6-10所示）

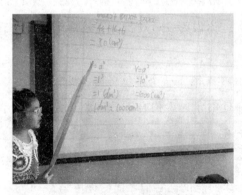

图6-10　学生解释推想过程

师：你抓住了长度单位之间的进率关系，从而得到了体积单位之间的关系，非常了不起。

师：这三位同学仅仅是三个代表，我相信你们也都通过自己的方式得到了"1立方分米=1000立方厘米"（学生齐读），同样，对他们三位的发言还有想说的吗？

生：老师，我很赞同他们的想法，我又想到了新的问题，我们当时认识体积单位时，不是还认识了更大的立方米吗？那1立方米和这两个单位之间的进率又是多少呢？

师：你的问题也是我们大家需要思考的问题，不过别急，你觉得我们应该先研究立方米和哪个单位之间的进率？

生：立方分米。

师：为什么？

生：因为在长度单位中米和分米相邻，面积单位中平方米和平方分米相邻，因而体积单位我们也应该先研究相邻的啊！

师（反问）：你们觉得呢？

（生齐表示赞同，学生开始思考）

生交流分享：我认为1立方米=1000立方分米，因为1米=10分米，棱长是1米的正方体的体积就相当于棱长是10分米的正方体的体积，所以它们的进率是1000。

生：我也这么想，同样我也在脑海中构想了图，就是如此。

师（参与交流）：你们已经通过推算直接得到，非常了不起。那和立方厘米的进率呢？

生：是1000000，不是隔了一个单位吗？（板书）

师（总结）：通过刚才同学们自己的思考，我们得到了体积单位相邻的进率，我们一起齐读一遍。

师：当时我们除了学习了体积单位，还学习了容积单位（升和毫升）与体积单位之间的关系，你们能说说它们之间的进率吗？

生：因为1立方分米=1升，1立方厘米=1毫升，1升=1000毫升，所以我还可以得到1升=1000立方厘米。

师：错位的进率你们都知道了，很了不起，那立方米呢？

生：1立方米=1000升。

师（肯定）：看来大家对体积、容积单位之间的进率已经掌握了，下面我们就来练一练。

把进率的探究转化成个数的探究，学生产生了操作层面、表象层面、抽象层面三个思维层次的提升。虽然新授环节从原来的5分钟变成了20分钟，但是无论是思考度和交流力都有了明显的突破，课堂上产生了各种精彩的声音。这样的问题给予学生的不仅是思考的寓所，更是展示的舞台，三名学生的宣讲，引发的是学生的共鸣，激励的是学生的参与，精彩的是课堂的氛围。

在《江苏教育》2016年第5期中，关于核心素养得到这样的论述：发展学生的数学核心素养主要是发展学生积极的数学情感模式（感性经验系统）、优质的数学思维品质（理性思考系统）以及相应阶段清晰完整的数学知识结构。这段论述更加坚信了我们对本课例题的重组，让学生核心素养的发展在20分钟的诠释中有所体现，同时学生也能在这个过程中积累经验，为后续的学习助力。

过程是培养学生核心素养的载体，有过程的知识获得的不仅是学识，更是经验和能力。如何让过程更加的丰盈，学生在过程中有更多的思维、素养、经验、能力的提升，其催化剂就是问题，课堂教学要想改变教与学的方式，更多的还要致力于问题的研究。黄爱华老师的大问题研究课堂之所以精彩，就因为他促发了学生对知识探究的欲和问题表达的情，过程很丰盈，课堂就出彩，学生乐提升。把问题看作过程的"导火线"，把"火花"看作思维的迸发，把"炫光"看作素养的展现，一切就在"噼里啪啦"的热闹中提升，想想就是一种美好。

第三节　经历思维全过程　积累数学思维经验

数学教学既要让学生掌握一定的知识技能，同时也要让学生在特定的数学学习活动中发展思维，积累数学活动经验。数学活动经验包括操作的经验、合作的经验、思维的经验等，而其中思维经验只有在学生真正参与、经历知识形成的全过程中才能不断积累。思维经验也是一种感悟和体验，但它却是学生数学能力发展的基石，数学思维品质提升的原动力。我们将以"图形的分割"一课试谈如何让学生积累数学思维经验。

一、在互动中探究路径

在数学教学中往往有这样一种现象，学生们会解题但不会思考，归因是我们平时的教学不太注重让学生经历思维的全过程。事实上，数学教学应该让学生们感受到问题解答的最初思考，即是如何想到这样解答的，而不仅仅是获得某个问题的解决。如此，学生们就会逐渐形成爱思考的意识，遇到问题时就会从不同方向探究问题解决的路径。

例1：

师：如图6-11所示的平面图形你认识吗？

生：略。

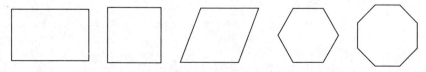

图6-11　平面图形

师：如果画一条直线把其中的正六边形分成面积相等的两部分，可以怎样画？（师生交流，教师依次用多媒体演示沿正六边形对角线画的三条直线）像这样的直线有多少条？

生：这样的直线共有六条。（该生把自己画的图进行了展示，如图6-12所示）

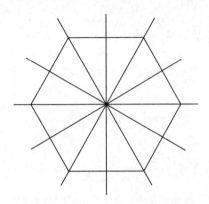

图6-12　正六边形对称轴线

师：还有其他画法吗？（生均表示没有了）咱不忙着下结论好吗？研究这样的问题，我们可以先选取一个熟悉的图形进行研究，你们准备选哪个图形来研究？

生：正方形。因为正方形我们最熟悉了，而且它像正六边形、正八边形一样也是一个正多边形，还比较简单。

开课简明，未纠缠于"把正六边形分成面积相等的两部分的直线到底有多少条"，而是在师生互动中很快把视线引到研究正方形上来，让学生感受到"研究问题"遇到困惑时要探究不同路径，不能局限思维。华罗庚曾说："在解决数学难题时，我们要学会知难而'退'，要善于退，足够的退，退到简单而又不失关键的地方……"此处正也影射了"从简单出发"的数学思想。

二、在定势中寻求突破

在生活中有很多事情看起来正确，但往往经不起推敲，而这种现象的成因有时却是错误思维定式造成的。我们曾做过随机访谈，对象是本校教师，问

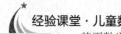
"如果用一条直线把正方形或正六边形分成面积相等的两部分，分别有几种不同画直线的方法"，被访者几乎无一例外地回答"分别有四条和六条"。这也就使得执教时，对学生这种可能的错误思维定式应予以关注，并寻求突破。

例2：

师：你能画一条直线把正方形分成面积相等的两部分吗？可以先折一折，再画一画。

（学生用事先准备的正方形纸进行操作，并很快得出下面四种答案，如图6-13所示）

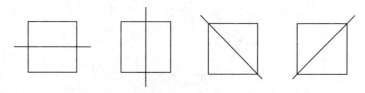

图6-13　画一条直线把正方形分成面积相等的两部分

师：刚才大家都是通过对折把正方形进行平分的，还有其他方法把正方形分成面积相等的两部分吗？你们可以画一画，剪一剪。（学生再次操作，尝试寻找）

生：（激动地）老师，我找到了。（随后教师在学生中发现了类似但在画法上"方向"不同的几幅作品并进行展示，如图6-14所示）

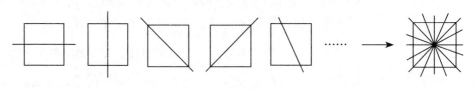

图6-14　学生作品展示

师：你们发现什么共同特点了吗？（讨论）

生：它们都经过了正方形的中心点。（师让学生找出各自手中正方形的中心点）

师：可也有同学的作品是这样的，如图6-15所示，你们认为是否把正方形分成面积相等的两部分了？

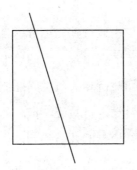

图6-15　判断学生作品是否均分

生：没有，因为它没有经过中心点。

师：那请问大家‘是否经过中心点的直线都能把这个正方形分成面积相等的两部分？’你们能否验证给大家看呢？

（学生相互讨论、合作，很快便有学生用剪刀沿过中心点的直线把手中的正方形剪成了两块，并通过旋转使左右两块图形完全重合）

师：像这样的直线有多少条？（生分组讨论后汇报交流）

生：有无数条。

生：但所画的这些直线一定要经过中心点。

生：我们组同意前面两组的想法，但我们组还猜想如果把正六边形或正八边形分成面积相等的两部分，也应该有无数条直线。

学生们受思维定式影响，思考不够深入，这是预料之中，但教师并未急着把答案"奉献"给学生，而是留有时间和空间让学生在操作、合作中寻求突破——所画直线均应通过正方形的中心点，这正是本节课教学的关键所在。此处用时虽然较多，但我们认为是值得的，学生们在探寻中思考着、经历着，有成功亦有失败，这种体验对学生们来说是深刻的。他们在交流中相互启迪，概念逐渐明晰，甚至有学生已经急不可耐地把结论进行推广，这足可说明学生们有了收获的喜悦，有了破茧而出的快感。

三、在推广中深化认知

在问题探究的进程中，学生通过独立思考、合作交流形成了自己的想法，往往会急于运用和表达，这正体现出学生们的思维已经得到发展。但学生的认知是否得到深化，还要看他们对待相关数学问题能否触类旁通、举一反三，事实上只有把某一个数学结论自觉进行验证、推广和运用，思维方式在运用中自觉迁移，甚至形成结构化认知模型时才能说明学生的思维正逐渐走向深刻。

例3：

师：你们已经开始往后想了，真是了不起。那我先问大家一个问题'如果画一条直线把一个长方形分成面积相等的两部分，分成的图形分别是什么样？像这样又有多少种不同的分法？可以动手画一画、比一比。'

（学生动手操作后交流，同时汇报得出结论：沿中心点画直线，有无数条）

师：根据刚才的学习经验，有同学说'如果画一条直线将正六边形或正八边形分成面积相等的两部分，也应该有无数条不同的直线。'这种说法不知是否正确，请同学们互相交流。

（学生交流后一致同意：要将正六边形或正八边形分成面积相等的两部分，确实有无数条不同的直线，但每一条直线都要经过图形的中心点）

师：那正十二边形要分成面积相等的两部分，情况会怎样？正一百边形呢？

（学生很快回答：只要经过中心点画直线，都能把正十二边形或正一百边形分成面积相等的两部分，且分别有无数条）

此处教学看似无心，实则有意。教师其实是在迂回的教学过程中放大学生们对成功的体验，虽然有学生提出对正六边形、正八边形分割情况的猜想，但在这个教学场中，教师延长了学生的高峰体验：正方形有此特征，那长方形是否也具有相同的情况呢？激发了学生们的深度思考，在进一步的探究中发现规律是具有普适性的。这节课对"正六边形要分成面积相等的两部分，有多少种画直线的方法"本是要重点探求的问题，但在此处自然且完美地进行了结论的推广和运用，深化了学生的认知，提升了学生的思维品质。

四、在反思中积累经验

学生数学思维经验的积累在知识形成的过程中非常重要，而引导学生"回头看走过的路"，对探索过程的反思更应关注。学生在反思中往往可以让内隐的思维经验外显化，并可让具有鲜明个体特征的思维经验与同伴分享。

例4：

师：今天这节课，你有哪些经验和方法与大家分享呢？

生：要想把正方形、长方形、正六边形……分成面积相等的两部分，在画直线时都要经过这些图形的中心点。

生：像这样的直线都有无数条。

生：我还知道，遇到难一点的问题如果不会，可以从简单的问题入手研究。比如今天一开始是问"正六边形"的情况，较复杂，那我们就可以从正方形这种简单的情况进行研究。

生：有时不能仅从正方形一种图形就能得出结论，还要看看像长方形等图形是否也有这种规律，然后才能把这个规律推广运用……

师：这就是我们今天要学习的"图形分割"问题。学到现在你们还有什么问题要问吗？（学生分小组进行了简单交流）

生：我们没有问题了。

生：今天学习的正多边形的边数都是双数的，我们组想问如果边数是单数的，结果也会像今天这样吗？……

通过反思，学生们不仅回顾了所学知识，更深刻体悟到"难的问题不会解决可以从简单的入手"这一朴素而又具有普遍意义的数学思想。同时，我们认为，好的数学教学，还应当让学生的问题意识不断得到发展。虽已下课，在学生的反思中，又有新的问题产生，即"单数边的正多边形，也会有这样的结果吗？"这不能不说学生们在本节课的学习中已经学会了思考，他们的思维经验正在不断积累与完善中。

波利亚曾经说过："学习任何知识的最佳途径，是自己去发现。因为这种发现，理解最深刻，也最容易掌握其内在规律、性质和联系。"在本课中教师并没有把教学的目标直接指向结果，而是给了学生思想的自由、活动的空间和时间，让他们在动手操作、合作交流中亲身经历解决实际问题，逐渐形成思维模型并进行推广运用的全过程。在学习过程中，深化了学生的原有认知，尤其是课尾的反思环节更是体现了教师的教学智慧，学生在思辨中问题意识和探究意识得到进一步增强，思维经验得到了提升。

第四节　收获思维经验的果实

经验是什么？几位专家如此表达：

马复是较早论述数学活动经验的专家之一。他认为，经验不只是具体、有形的操作性手法之总结，还包括具有一定抽象性的认识与处理数学现象的思想方法。

张奠宙教授指出数学基本活动经验，是指在数学目标的指引下，通过对具体事物进行实际操作、考察和思考，从感性向理性飞跃时所形成的认识。

郑毓信教授同样表达数学活动经验是学生在积极参与数学活动的过程中内化了的数学知识、技能及情感体验。

其实无论是谁对经验的解读，我们都会发现经验的形成需要在经历的基础上加上思维的加工，方能成为能力。

我们首先来看数学活动的思维性。"数学教学是数学活动的教学"是由苏联著名数学教育家斯托利亚尔首先提出的。他指出：所谓数学活动的教学，就是在数学领域内进行的一定的思维活动、认识活动的教学。数学知识的获得，主要不是靠实物的实验，而是靠思想上的实验，进而紧张的思维活动。数学活动的必要性在于引导学生将注意力集中到动态的思维活动上。可以说，数学活动的主要形式是数学思维活动，判断数学活动有效性的主要标志是其数学思维含量的大小。

聚焦数学思维活动经验，特指不借助外在的实在物体而依据思维材料进行数学思维操作活动而获得的经验。比如归纳的经验、类比的经验、证明的经验等，它既可以是直接的经验，也可以是间接的经验。

数学知识是数学思维的主要载体。下面就以"圆锥的体积"来表达我们对数学思维活动经验的进一步理解。

一、复习导入，激发学生探究的欲望

1. 引言

同学们，这个单元我们主要来认识圆柱和圆锥，同时掌握它们的一些相关计算，到现在，我们已经掌握了哪些内容？

生：我们已经掌握了圆柱的表面积和体积计算的方法。

师：你能具体地说说圆柱的表面积和体积是怎样计算的吗？

生：圆柱的表面积是侧面积加上两个底面积，圆柱的体积是用底面积×高。

师：还记得圆柱的体积公式是怎样推导得到的吗？

生：我们是把圆柱转化成近似的长方体得到的。

师：除了这些计算，你们还有补充吗？

生：我们还掌握了圆柱和圆锥的特征以及各部分的名称。

师：是的，我们已经掌握了这些内容，那你们认为今天我们将研究什么内容呢？

生：圆锥的表面积。

生：圆锥的体积，我看书上没有讲到圆锥的表面积。

师：是的，就像他所说，我们今天学习圆锥的体积，这是为什么呢，我们来看这个动画。（学生观看）圆锥的侧面展开为一个扇形，因为小学阶段不研究扇形的面积，因而我们就不研究圆锥的表面积，直接跳过研究圆锥的体积。

评析：这一段看似很简单的导入，却在一些细节中指导了学生的学习经验、思维经验的运用。就是学生自然的思维，想到要学习圆锥的表面积和体积，这个直接反应就是长方体、正方体、圆柱学习经验的体现。当然这里的经验更多的是一种思维的经验、类比的经验，甚至是一种整体的经验，他们能够发现每个知识节点该学习的内容，找到共性来表达自己的想法，你可能并没有花很多力气来强调经验的重要性，但学生已经在潜移默化间掌握和领悟了，从而为你课堂的推进提供最为有力的支撑。

2. 揭示课题"圆锥的体积"

导入：根据前面研究的经验，你认为我们怎样得到圆锥的体积呢？

四人小组讨论研究方法。

生：我觉得应该是用转化的方法，把圆锥转化成近似的长方体或正方体展开研究。

生：我认为应该转化成圆柱进行研究，你看圆柱和圆锥都有圆这样的底面，还有侧面是曲面。

师：你们觉得呢？

经过第二位同学的分析，学生们都觉得应该转化成圆柱进行研究。

师：你们能表达怎样转化吗？

生：我们可以和圆柱体积获得时一样，用切一切的方法把圆锥变成圆柱。

生：我觉得不行，好像斜的变不了。

生：我们可不可以找个圆柱和圆锥比较一下，一定要把圆锥变成圆柱吗？

师：好像这名同学的思路有点意思，那是任意的圆柱来和这个圆锥比较吗？

评析： 这个简短的过程是学生在探讨如何来探寻圆锥的体积。在原来的教学中，很多教师都是直接帮助学生指明用两个等底等高的圆柱和圆锥来进行研究，其实这样的行为就错失了学生思维经验的运用。他们是能在生生的辨析和思考中探寻新的研究路径的。我们再来看他们讨论的过程，开始想到圆柱体积的转化，这是一种最为正常的现象，也是受经验的指导，但是当思维和实物在头脑中相撞时，他们会产生高于现有经验的高阶思考，使经验升华，达到问题解决的目的。在整个过程中，教师的参与变得意义不大，而学生之间的思辨才是课堂的亮点。

生：不是的，我认为圆柱和圆锥应该等底等高。

师：你能说说你这样判断的理由吗？

生：我是根据三角形面积公式推导想到的，三角形和平行四边形就是等底等高，所以我觉得这里的圆柱和圆锥也应该等底等高。

师：他说得有道理吗？

（学生肯定）

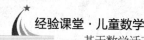

师：是的，根据前面的经验，两个图形等底等高才方便研究，所以我们这里研究体积时也想到了"等底等高"，你们的思路非常正确。

评析：这个片段非常的简短，但却是课堂上少有的惊喜之一，也正是这样，让我感受到"经验"的价值。我相信很多教师在执教这节课时都会问到"为什么这里的圆柱和圆锥要等底等高"，学生也经常举反例来回答这个问题，比如，大的圆锥和小的圆柱就没法比较。这其实也不错，是一种直觉的思维经验，但是这名同学的回答却让我们看到了前面平面图形面积经验教学的价值。我们可以通过平面推导到立体，沟通知识之间的联系，并且在适当的时机来运用，真的是一种智慧。这种智慧怎么看都是经验的指导，学生根据平面图形面积探索两者关系，想到立体图形类似的研究也应该如此，虽然这种回答里带着推理，但却是最有数学味的推理。不仅正确，更让我们这些执教者都能发现图形教学中经验的沟通。我听了这位同学的表述后，第一感觉，就是以后在教学平面图形面积时，要好好地研究，因为它会为你后面立体图形的教学带来喜悦。

二、展开研究，给予学生探究的空间

1. 大胆猜想

出示等底等高的圆柱和圆锥模具。

师提问：这个圆柱和圆锥等底等高，你觉得它们之间体积有怎样的关系呢？如果看图有难度，你可以根据学具袋中的学具来进行判断，同时把判断的结果写在"我的猜想"中。

学生借助学具进行猜想，教师巡视，了解情况。

交流：同学们，我们先不急表达你们的想法，老师先把看到的一个细节和你们交流一下。

（边说边演示）我看到××同学拿出学具时，先把它们这样放在桌上，并且用手比画比画，你们明白他为什么要这么做吗？

生：这样就可以判断它们的高是不是相等了。

师：高判断相等，底面怎么判断呢？

生：我们可以把它们的底面放一起，看看是否一样大，就是这样，它们的底面是一样大的。

师：你们都判断了吗？

大部分学生表示都判断了。

师：怎么拿到学具都想到先判断的？

生：一定要确定它们等底等高，不然我们判断会不准确的。

师：是啊，老师真高兴，发现你们现在学习数学真的是越来越严谨了。好，现在能来表述你们的想法了吗？

评析： 大家知道吗，在教学这节课，甚至这个片段的主问题之前，我都没有能够领会教材中那幅主题图的意图，或者说没有好好地看教材分析里对这个图的介绍，总认为已经表达了等底等高，学生们拿出学具也就默认了。但在巡视中却发现班级中有一大半的学生有比底比高的动作，看了这个举动后，我顿时豁然开朗，发现原来图在这儿的价值不是我的诠释，而是学生的一种主动的行为。这种行为从何来，那就是操作的经验，回想在原来的教学中，或者前面5年他们的数学老师在进行学具操作时，肯定都有比较这一环节，慢慢地他们就形成了经验，拿到相应的实验工具时，第一个反应就是看看工具对不对，减少活动失误的不必要因素。小小的细节因为经验而展现它的光彩。

生：我认为圆柱和圆锥的体积相等。

生：我认为圆锥的体积是圆柱体积的一半。

生：我认为圆锥的体积是与它等底等高圆锥体积的2倍。

师：他表达的意思和哪位同学是一样的？

生：第二位同学的。

师：这两位同学都表达的是同一个意思，你觉得谁更加好一些？

生：第三位同学的，因为这里的圆柱和圆锥等底等高啊，如果不说，大的圆柱和小的圆锥就不是这样了。

师：你说的倒是很形象很有道理，这样说你们都觉得第一位同学的想法不对吗？

生：他的肯定不对，你看这个圆锥的体积怎么可能和这个圆柱的体积相

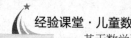
等，这里都斜进去了呢！（边比画边说）

师：是啊，面对这两个学具，我们可以大胆地去判断它们体积之间的关系，这都称为猜想，但有的时候猜想也不能漫无边际，还得有一定的道理。不过就算第一位同学的猜想被否认了，也不能说明这两位同学的猜想是正确的，或者说你们有相同想法的是正确的，我们还得进行？

生：验证，才能肯定我们的结论。

评析：这节课我上得很顺畅，其实主要是因为圆锥是我们小学阶段最后一个图形的深入学习，学生之前已经有了大量的学习经验，无论是操作的，还是思维的，现在就相当于养兵千日用兵一时，海量爆发。他们主动地去猜测，主动地去否认，并且意识到这种争辩远不如实践来得更有意义，用经验驱使他们推进自己的学习。

2. 主动验证

师：你们接得太流畅了。（全班大笑）

师：我们这次的验证采用实验法，老师提供了两种实验材料，分别是沙子和水，你觉得该怎样来验证呢？

生：我们可以在圆锥里装满水，然后倒入圆柱中，看看到哪儿，是不是一半？

师：这想法不错，就倒一次判断吗，"看看"你觉得这样严谨吗？

生：我们可以多倒几次，看看几次装满，那就可以判断它们的体积关系了。

师：是啊，这样既方便，又比较严谨。还有不同的实验方法吗？

生：我们可以往圆锥里装满沙子，然后倒入圆柱，看看倒几次。

师：换了不同的实验材料，有道理，（比画）你们是从圆锥往圆柱里倒，还可以？

生：我们还可以把圆柱里装满水，然后往圆锥里倒，满了就倒掉，看几次全部倒完。

师：看来大家的思维是越来越开阔了，可以从圆锥往圆柱里倒，也可以从圆柱向圆锥里倒。好，现在大家都有实验的思路和方法了，老师就提供1盆沙和4盆水，我们分为5组进行实验，中间这组就用沙。大家根据老师的实验要求，展开实验吧。友情提醒，做完实验记得完成实验单的记录哦！

实验要求：选择一种实验材料，运用学具袋的实验工具展开实验。实验后完成实验单的记录，过程可以以图文结合的方式进行表达。最后把你实验的过程和结论在小组中交流，做好全班交流的准备。

学生实验并进行记录，教师巡视，寻找合适的资源。

评析：这属于实验前的准备阶段，当学生经验不足时，我们是通过实践的步骤来提示他们如何进行一步步的操作，从而达到实验的目的。但在这，我们就可以抛给学生，让他们调起原有的经验去斟酌自己等会儿的实验过程，他们的想法不一定都完全正确，但却给了一个思维经验积累的空间，细致地在脑海中构图，并想着如何才能实验得更加完美，等会儿的操作会给这些思维经验点赞，让他们真正地发酵，成为学生的能力。

3. 交流想法

师：请××同学带着你的实验单上来和大家分享一下你的实验过程和结论吧。

生：我使用的实验工具是水、等底等高的圆柱和圆锥。我实验的过程是：我把圆锥里装满水，然后倒入圆柱中，这样我一共倒了3次，所以我的结论是圆柱的体积是这个等底等高圆锥体积的3倍。

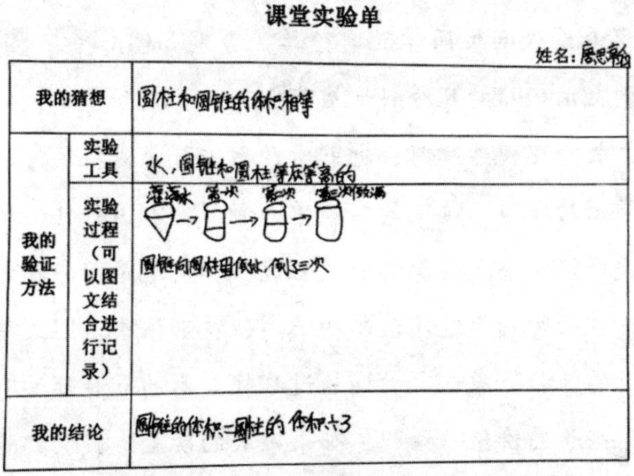

课堂实验单

图6-16　学生填写"课堂实验单"（1）

师：你表达得非常的完整，××你也来说一说吧。

生：我选择的实验工具和他是一样的，也是水、等底等高的圆柱和圆锥。我实验的过程是把圆柱中装满水，然后倒入圆锥中，同样这样倒了3次，所以我的结论是圆锥的体积是与它等底等高圆柱体积的$\frac{1}{3}$。

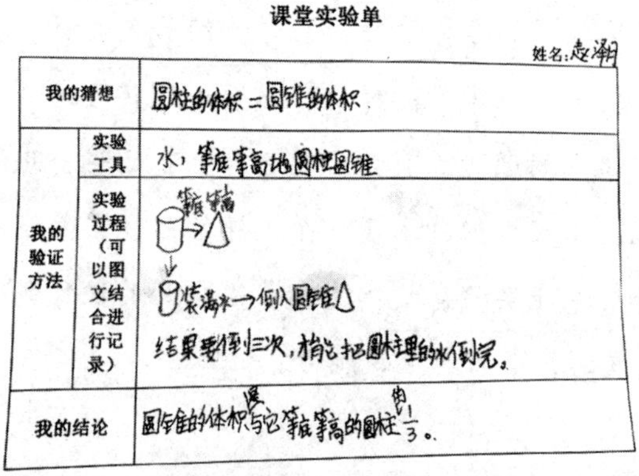

课堂实验单

姓名：赵瀚

我的猜想		圆柱的体积=圆锥的体积
我的验证方法	实验工具	水，等底等高的圆柱圆锥
	实验过程（可以图文结合进行记录）	等底等高 装满水→倒入圆锥 结果要倒三次，才能把圆柱里的水倒完。
我的结论		圆锥的体积是与它等底等高的圆柱的$\frac{1}{3}$。

图6-17　学生填写“课堂实验单”（2）

师：大家发现了吗，这两位同学的结论是?

生：一样的。

师：但是他们实验的方式却完全不同。那你们也都是相同的结论吗？或者表达方式不同，但意思是一样的。

评析：大家看看这两位同学的实验单（分别如图6-16，图6-17所示），就是他们在课堂上用短短的几分钟完成的，而且你们知道吗，他们都不是班级中的优秀学生，教师巡视看到时，也非常欣慰，赶紧借机给他们表述的机会，激励他们在数学上的学习。这次的实验单，教师没有进行任何的指导，为什么他们能图文并茂地记录整个实验的全过程呢？其实就是因为在之前圆柱体积公式的研究过程中，教师指导过实验单的填写，特别注重了图文结合，学生在这儿就能运用已有的经验还原这次的实验过程呢。真的让教师没有想到，更让教师深深地认识到经验的价值。细想，如果每次的实验，我们都能进行这样的指导，后面学生就能还原得越来越好，同时随着他们自身学习经验的增加，很有可能还能迁移到其他的知识领域，让学习变得越加轻松。

生：我用的是沙，和第一位同学的方式一样，但我得到的是2倍关系。

师：现在实验后，课堂出现了两种声音，我们来看看3倍的多，还是2倍的多，3倍的举举手。

发现3倍的多。

师：明显3倍的多。同学们，告诉大家，你们大部分同学的结论都是正确的。（边板书边讲）圆锥的体积就是与它等底等高圆柱体积的 $\frac{1}{3}$。你们觉得为什么这些同学会是2倍呢？

生：很有可能他装得太满了。

生：这个学具太小，有时候水倒不干净也是会产生影响的。

师：是的，实验可能会因为操作的失误或是外在的一些干扰影响实验的结果，这都是正常现象。得出不是3倍关系的同学，可以利用学具，课后再去多做几次实验，我相信你们一定会让误差越来越小。现在我们知道它们的关系了，那会求圆锥的体积了吗？

生：可以求了，我们只要求出这个圆柱的体积就行了。圆柱的体积是用底面积×高，所以圆锥的体积就等于底面积×高× $\frac{1}{3}$。（教师根据回答板书）

师：我想问一问'底面积×高'求的是什么？

生：圆柱的体积。

生：不对，是与它等底等高圆柱的体积，在三角形面积公式里就是这样的。

师：是的，两位同学表达的总体意思是一样的，但第二位同学的表达更加严谨一些，而且他还想到三角形面积公式里也问到过类似的问题，很厉害。我们一起来说一遍，底面积×高算的是什么？

生（齐答）：与圆锥等底等高的圆柱的体积。

师：同样我们也可以用字母来表示。（教师板书：$V=\frac{1}{3}Sh$）

评析：这里我最喜欢学生回答的"在三角形面积公式里就是这样的"，又是一种已有经验的指导和运用，他们已经深刻地理解到平面图形和立体图形某些方面的联系，可以说这里的表述，就是课开始那位学生指出的"等底等高"

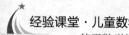
问题的再次灵活运用。开始可能只是他调起了以往的经验，但现在有了点拨，更多学生的经验被唤醒，让课堂随着他们思维的递进而变得越加精彩有趣。

4.回顾体会

师：回顾圆锥体积公式的探索过程，你们有什么体会？

生：我们用实验法得到了圆锥的体积，不是切割，和圆柱不同。

生：圆锥的体积和与它等底等高圆柱体积有关。

生：我们在做实验时，要细心，不然会有很大的误差，这样是会影响实验的结果的。

生：我们猜想不能乱猜，明显不对那是没有意义的，而且猜想后我们得验证，这样才能看出我们的猜想对不对，得出正确的结论。

师：看来同学们的收获和体会可真不少，看来你们肯定已经掌握了圆锥的体积计算了。老师这儿有一个圆柱和圆锥，它们等底等高，如果圆柱的体积是9立方分米，那么这个圆锥的体积是多少？

生：3立方分米。

师：如果这个圆锥的体积是9立方分米，那这个圆柱呢？

生：它的体积是27立方分米。

师：现在你们清楚它们之间的关系了吗？

生：清楚了，它们等底等高，圆柱的体积是圆锥的3倍，圆锥的体积是圆柱的 $\frac{1}{3}$。

评析：孙晓天教授在最新一期的核心素养研讨大会上指出：小学阶段学生核心素养的培养载体指向于三点，分别是结构、过程和反思。反思被真正意义上推到研究的前列。课堂反思其实就是思维经验最好的载体，学生通过头脑的加工，把自己的学习进行完整的总结。但是我们都有这样的体会，学生不会总结，这个环节变成课堂的尴尬，或者说是一种形式，没有实质的意义。其实学生不会总结，就是缺乏这样的表达经验，缺乏思维组织经验。当你每次上课都有这样的回顾过程，你会发现，学生会从"不会"到"会"，从"粗浅"到"精致"，他们表达的经验不断地积累，直到这个问题回答得越来越精湛，越来越完美。在这个环节，他们可能会因为课堂的深入实践，有出色的总结；更可能是因为经验的引领，让他们的体会变得更加深刻。总之，任何好都是从差开始的，或者说都是在经历经验提升的过程。这里有一小段简单的总结，我们来看一看，你们会发现学生的总结指向于掌握的知识、经历的过程、方法的运用，在思维上有了明显的提升。

三、练习巩固，提升学生掌握的空间

1. 引导练习

师指出：根据我们计算圆柱体积的经验，你认为求圆锥的体积，可能有哪些类型？

学生说一说，随机出示。

（1）已知底面半径和高（练一练第2题的第1道）。

（2）已知底面直径和高（练一练第2题的第2道）。

（3）已知底面周长和高。

一个近似于圆锥形的碎石堆，底面周长是12.56米，高是0.6米。它的体积是多少立方米？

（4）已知底面积和高（试一试）：直接学生口报算式，强调规范性，做其他练习的示范。

学生进行自主练习，教师巡视。

投影校对。

师：看来这里的问题难不倒大家，不过我发现还有一名同学不是 $\times \frac{1}{3}$，是 $\div 3$，你们觉得哪种更好一些呢？

生：我觉得 $\times \frac{1}{3}$ 好，因为计算的过程中可以约分呢。

师：你总结得很好，我也这么想。

2. 延伸练习（练习四第2题）

师：那这道题，你们能解决吗？

生：它的高度是4厘米。

师：你能把想法说一说吗？

生：它们等底等高，就和我们做实验一样，圆锥中装满水倒入圆柱中，只能倒到 $\frac{1}{3}$ 的位置。

师：看来实验让你印象深刻，你们同意吗？

生：同意。

评析：因为之前的过程花费了很多的时间，所以练习的处理就变得有些精短，学生根据圆柱表面积和体积计算的相关经验，自我总结圆锥计算的几种类型，用清晰的思路帮助自己解决问题，似乎把书上的习题都串联了起来，经验让他们的学习变得如流水一样欢畅。

3. 拓展练习

师：现在我把圆锥放在圆柱中，空余部分的体积是圆柱体积的几分之几呢？

生：空余部分是圆柱体积的 $\frac{2}{3}$。

师：是圆锥体积的？

生：是圆锥体积的2倍。

师：看来圆柱体积与圆锥体积的比是3：1，这里你还能说出哪些体积比呢？

生：圆锥的体积与圆柱的体积比是1：3。

生：圆锥体积与空余部分体积比是1：2。

师：好不说了，看来我们在这儿找到了1份、2份和3份，它们的关系更清晰了。

四、总结回顾，完善学生认知的思维

师：通过这节课的学习，你们有哪些经验要和大家分享？作业中你们对同学们有哪些提示？

生：圆锥体积和圆柱的体积有关，我们是通过实验法来得出圆锥的体积的。

生：圆锥体积计算时不要忘记 $\times \frac{1}{3}$，否则就算成圆柱了。

生：大家在做实验验证时要细心，这样才可能得到正确的结论。

师：带着这些体会，我们这节课就学到这儿。

就小学数学思维教学而言，大致可以区分出这样的几个阶段：

由"深藏不露"逐步过渡到"画龙点睛"；

由"点到为止"逐步过渡到"清楚表述"；

由"教师直接示范"逐步过渡到"促进学生的自我总结与自觉应用"。

基于数学的思维教学，也有一些具体的经验：

第一，基于小学生的认知特点，我们在教学中应十分重视直观的认识和必要的动手操作。

第二，我们要努力做到"浅入深出"，特别是通过适当的"问题链"将学生的思维逐步引向深入，包括由知识的层面逐步深入到思维的层面。

只要我们关注过程，注重思维的培养，学生必能在经验的增长中得到素养的提升。

第 七 章

基于数学问题解决经验的教学实践

第一节 "解决问题的策略"单元问题解决经验积累教学实践

　　"解决问题的策略"单元是苏教版教材中的一大特色和亮点。这是有效帮助学生积累数学问题解决经验的重要板块。其中相关策略包括一般策略和常用策略。一般策略通常是指从条件想起（也称"综合法"）、从问题想起（也称"分析法"）分析数量关系的思维形式，普适性较强，能帮助学生学会分析数量关系的常用方法，有效确定解题思路。常用策略安排了画图、列举、转化、假设等策略，这些策略对具有不同特点的较难理解或特殊的实际问题具有较强的针对性，在解决不同特点的问题中能起到关键的作用，可以使问题迎刃而解。众所周知，解决问题一般要经历理解题意—分析数量关系—灵活解答问题—检验反思的过程。那么在具体的教学实践中如何帮助学生积累数学问题解决的经验呢？下面我们将以国标本苏教版五年级下册"解决问题的策略——转化"的教学具体谈一谈。

一、复习谈话，激活学生经验

　　基于经验，谈话回顾：

　　师：同学们，看到课题相信大家都不陌生吧！谁来说一说，你们已经掌握了哪些有关解决问题策略的数学知识？

　　生：我们学习了解决问题的策略，比如，从条件和问题想起、画图、列举等。

　　生：我们知道了解决问题一般要经历理解题意—分析数量关系—灵活解答

问题——检验反思的过程。

师：是的，我们已经积累了丰富的问题解决的经验，今天我们要在学会旧知的基础上学习新的策略。

学生经历了小学五年的学习，对于问题解决已经积累了一定的经验，尤其是之前所学习的一般策略和常用策略，在平时解决问题的过程中是经常运用的。开门见山的复习导入有利于学生有目的地回顾之前所学，为本节课的教学打下基础，有利于对问题解决经验的提升和发展。

二、观察比较，感受转化策略

1. 出示主题，引发思考

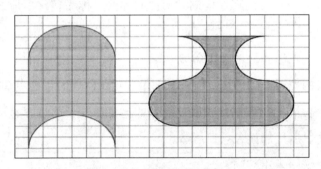

图7-1　比较两个图形的面积

师：这道题的题意是什么？

生：比较这两个图形的面积大小。

师：对，这就是这道题目的题意，在解决问题的过程中，我们首先要理解题意，我们的探索才更有价值。接下来，我们就要对问题进行分析，你准备如何解决这个问题呢？自己先思考，然后在图上画一画，并把自己的想法和你的同桌进行交流。

2. 展示资源，纵向比较

（1）用数方格的方法来比较。

（2）将不规则图形转化为规则图形进行比较。

师：同学们都能够根据之前的经验来解决这个问题，一起来看一下，这些同学分别是怎样来解决这个问题的？

生：第一位同学采用的是数方格的方法，先数出整格，再数出半格并除以2，最后再相加，就能够得到图形的总面积了。

师：为什么要采用数方格的方法呢？这样做有什么好处？

生：这是两个不规则图形，根据我们学过的知识，当遇到不规则图形求面积时，可以采用数方格的方法进行比较。

师：这也是我们之前积累的问题解决经验。那么另一位同学的做法，你们看懂了吗？他又是如何解决这个问题的？

生：他采用的是平移和旋转的方法，把两个不规则图形都变成了规则图形，然后计算出面积再比较。

师：在数学上，我们将这位同学所说的"变"称为转化。那么这位同学其实就是将……

生：不规则图形转化成规则图形。

师：比较两位同学的做法，哪一种在解决这个问题时可能更加方便？

生：第一位同学的做法比较麻烦，数的过程比较长而且容易错，第二位同学的做法转化以后更加让人一目了然。

其余学生纷纷表示赞同。

师：正如这位同学所说，第二位同学的做法在解决问题时更加方便。那我们是怎样采用转化策略的，为什么这样做，谁能够具体说一说？

生：可以采用平移或者旋转的方法，将不规则转化为规则，使复杂的问题变得简单。

师：看来你已经了解转化策略的价值了！我们就是要将复杂的问题转化为简单的问题。

师：同学们，刚才我们采用转化的策略，将不规则图形转化为规则图形的过程，其实就是我们解决问题的第二步，分析题意。同时我们还要进行比较，才是我们解决问题的完整过程。在之后的问题解决过程中，我们要延续以上的做法，才能使我们解决问题的能力不断地提升。

3. 基于所学，丰富体验

师：我们在之前的学习过程中，曾经运用转化的策略解决过哪些实际问题？

生：在面积公式的推导过程中，比如将平行四边形转化为长方形，或者将圆转化为近似的长方形。

生：在计算中，我们将小数乘除法转化为整数乘除法，将异分母分数加减转化为同分母分数加减。

师：其实综合同学们所说，数学学习的过程就是不断将新知识转化为我们学习过的旧知识。这就是我们今天学习转化策略的目的。（分别板书：不规则——规则；复杂——简单；未知——已知）

面对一个新的问题，学生在理解题意的基础上根据自身的发展水平肯定会有不同层次的思考，这是基于学生自身经验积累的不同。教师应该要肯定每个层次学生的发展水平，引导其分析题意并采用灵活的方式来解决问题。同时，为了学生更好的发展，要有意识地让学生对方法进行比较和优化，从而帮助他们进一步提升问题解决的经验。

三、巩固练习，提升策略运用意识

1. 练习十六第二题

用分数表示如图7-2所示的涂色部分。

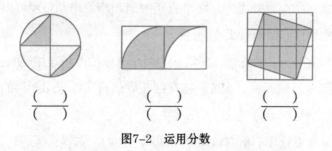

图7-2　运用分数

学生尝试自主解答，前两题较简单，可以让学生集体交流，第三个问题重点讨论和交流。一般情况会有两种答案 $\frac{9}{16}$ 或者 $\frac{5}{8}$。

生：我将小正方形旋转后发现刚好是9格，所以我的答案是第一个。

生：我反对，将小正方形旋转后不是9格。（上台演示自己的想法，其余学生发现旋转确实比9格大）

师：那么小正方形究竟是几格呢？你们能够采用合适的方法将它转化吗？

生：可以采用平移的方法（演示，将直角三角形平移，形成10格）

生：我看的是空白部分的面积，拼起来刚好是6格，小正方形就是10格。

师：他们的想法正确吗？看来，在转化过程中我们还要明白，形状变了，但是面积没有发生变化。同时，同一个问题还可以采用不同的方法解决，不同方法也可以互相检验。

2. 练一练

明明和冬冬在同样大小的长方形纸上分别画了一个图案（图中直条的宽度都相等）。如图7-3所示的两个图案的面积相等吗？为什么？

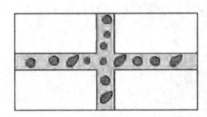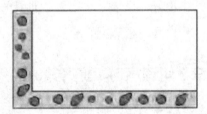

图7-3　两个图案的面积比较

师：大家仔细观察并思考，两个直条的面积相等吗？想想可以怎样比较，将你们的想法和你们的同桌交流。

学生上台演示自己的想法，一致认为两个直条的面积是相等的。

生：还可以怎样表示。准备两把宽度相等的直尺，采用平移的方法就可以比较出两块面积是相等的了。

师：那么如果让你们求空白部分的面积，你们会选择哪幅图？怎样求？

生：右边一个图的面积好求，空白部分刚好是完整的一个长方形，大长方形长和宽都减去直条的宽就可以了。

3. 练习十六第三题

如图7-4所示，一块草坪被4条1米宽的小路平均分成了9小块。草坪的面积是多少平方米？

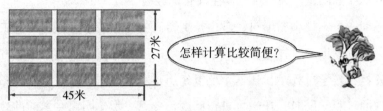

图7-4 求草坪面积

师：结合刚才的经验，你能够很快求出草坪的面积吗？你准备采用什么策略来解决？

生独立完成，展示学生的成果。

生：利用刚才的问题解决经验，我们可以将9块草坪转化为一块大草坪，草坪长就是43米，宽就是25米。

师：同学们真会学以致用，利用转化的策略我们很快就解决了这个问题，同样的，在转化时，形状变了，但是面积没变。

练习巩固的过程其实就是学生知识内化的过程。在问题解决的过程中，我们不难发现，学生利用了之前积累的问题解决经验，有意识地用转化策略来分析、解决问题，并能够抓住不同问题之间的联系，使自身的问题解决经验得以不断地提升和发展，在这个过程中学生的数学思维品质是不断得到提升的。

四、整体思考

本节课是解决问题的策略中转化策略的教学。区别于其他的策略教学，转化策略的教学更多的是隐藏于学生已有知识储备中，本节课是要学生能够针对实际问题将其提炼出来。学生已经在之前的教学中充分经历了转化的过程，如何将这样的经历实现提升，使之形成经验。我们的思考：

1. 问题解决经验步骤的回顾，在回顾中感受经验

在一开始的教学中，让学生回忆解决问题的经验，学生能够说出问题解决的一般步骤，即弄清题意—分析题意—灵活解答问题—检验反思，暗示学生本节课的教学也要经历这样的过程，同时要让学生在教学中感受，转化策略的运用其实就是分析题意的过程。

2. 针对实际问题，充分挖掘学生转化的经验

当遇到一个不规则图形时，学生根据自己的经验能够有意识的、主动的将其转化为规则图形。这样不但能够更加直观的进行观察，同时也更加方便分析进而解答。在教学过程中，让学生反复经历将不规则图形转化为规则图形，形成了这样的经验。同时，让学生进行回顾与反思，学生明白在之前的教学中，我们已经多次经历了转化的过程，通过举出的一些典型的例子，学生明白了转化也可以理解为将未知转化为已知的经验。在针对特定的、复杂的问题教学中，引导学生经历观察、分析、展示及交流的过程，让学生通过对比，感受到转化也是将复杂问题转化为简单问题的过程。通过三个层次的教学，使学生对于转化的策略掌握从懵懂走向清晰，能够利用经验解决一类题。

3. 再次回顾，为后续的学习提供积累经验的途径

数学课堂就是"带着问题进入——解决了这个问题——带着新的问题走出"的过程。在最后的回顾与反思中，学生通过本节课的学习感受了"形形"的转化，同时适时地感受到转化也可能存在于什么方面，初步体会到"形数""数形""数数"的转化经验。

第二节　复习课中问题解决经验
积累的教学实践

　　复习课教学是小学数学教学的重要组成部分，复习课教学能够帮助学生有效地沟通知识前后的联系，能够有效地帮助学生巩固所学知识，并且能够帮助学生构建科学的数学知识体系。教师们也都意识到复习课的重要性，但是往往将大量的时间花在学生的各项练习中，基础练习、变式练习、拓展练习，学生沉浸于"题海战术"中，这样的复习课往往关注了学生知识与技能的巩固，却忽略了学生基本数学思想的感悟和数学基本活动经验的积累。如何有效利用复习课帮助学生积累数学问题解决经验，笔者认为可以按照"理—联—练"的步骤有效展开，同时在这个过程中要注重培养学生发现问题、提出问题、分析问题和解决问题的意识，从而真正使学生在复习课中学有所获，使数学问题解决经验在这个过程中得以真正提升和发展。下面将以苏教版三年级下册"解决问题的策略总复习"一课为例，谈一谈在复习课中如何帮助学生积累数学问题解决经验。

一、基于所学，唤醒问题解决经验

1. 课前出示

用一个小测试展开我们今天的教学：猜老师的年龄。

（1）老师的年龄大约是你们年龄的4倍。

（2）老师比你们大二十几岁？

师：你们能够根据老师所给的条件，猜一猜老师的年龄吗？

生：老师大约40岁，因为我10岁，老师的年龄大约是我年龄的4倍，用我的年龄乘4，就能够得到老师的年龄。

师：在你的回答中，其实包涵了学生年龄×4=老师年龄这个数量关系式。

生：老师应该是三十几岁，我的数量关系式是：我的年龄+二十几=老师的年龄。

师：看来大家都知道，根据求老师年龄这一问题，我们可以选择倍数关系或者相差关系的条件，列出数量关系，就能解决这个问题了。这样的思考过程，就是同学们已经掌握了从问题想起，找到数量关系进而解决问题的策略。这样的策略能够帮助我们更好地解决问题。

2. 课上出示

一艘船，船上有28只牛和14只羊，船长有多少岁？

师：你们能够利用我们已经积累的问题解决经验来解决这个问题吗？

生：船长的年龄无法求，因为从问题出发，我们找不到和问题有关的条件。

生：船长的年龄无法求，条件和问题不相关。

师：那如果让你们根据给出的条件，你们能够提出哪些问题呢？

生：牛和羊一共多少只？或者牛比羊多多少只？

师：看来同学们不但会分析问题、解决问题，还会根据条件发现问题、提出问题。这些都是我们有效解决数学问题的关键。

三年级的学生，已经掌握了基本的解决问题的策略，把条件和问题联系起来解决问题。通过生活中的简单数学问题，引发学生利用所获得的基本数学活动经验，即发现问题、提出问题，进而分析问题、解决问题的直接经验。学生利用这样的问题解决经验能够综合地思考问题，发展数学思维。

二、依据问题，整理分析问题经验

1. 问题引领，初步尝试基础上整理所学

出示：自来水公司铺设一条500米长的自来水管道，第一天铺了120米，第二天铺的与第一天同样长。还要铺多少米？

以下是三位同学给出的方案：

（1）500-120=380（米）。

（2）500-120-120=260（米）。

（3）500-120×2=260（米）。

师：你们看懂他们列式的方法了吗？你们觉得哪个对？为什么？

生：（1）肯定是错的，500-120求的是从总长里减去第一天的，没有减第二天的。

生：（2）是对的，求剩下多少米，既要减去第一天的，也要减去第二天的。

生：（3）也是对的，条件中说了第二天铺的与第一天同样长，减去两个120就可以求剩下的了。

师：（指着后两道算式）这两道算式都对，谁来说一说它们的联系。

生：它们的数量关系式是一样的，都是用总长-第一天铺的-第二天铺的=还要铺的。因为两天铺的同样长，连续减两个120就是一共要减掉240。（学生给予掌声）

师：看来，我们要想解决一个问题，必须要找准题目中的条件，利用数量关系式来分析，能够帮助我们正确列式。简单的问题我们通过观察就能够分析数量关系了。其实，碰到这样的问题，我们还可以动手操作，用画线段图的方法来帮助我们分析数量关系。

（出示线段图，图略）

师：像这样的线段图你们看懂了吗？谁来说一说自己的想法？

（学生依照线段图说出自己的想法）

在这个环节，教师所采用的方法是根据问题，给出不同的答案让学生进行判断和分析。这符合学生的认知发展水平和已有的经验，如果是单纯的出示问题让学生解答，整个过程参与的学生大多只会列出算式，而不会像现在一样既能够分析数量关系，也能够在对比中进一步感知数学问题经验解决的关键——理解题意后再分析数量关系。同时在这个过程中，学生也经历了对所学知识的整理过程，同时关注到数学知识之间的联系。"理"和"联"结合，发展了学生的认知水平。

2. 自主尝试回顾分析数量关系的过程

（1）出示问题。马小虎买了10元的铅笔，买的钢笔的价钱是铅笔的3倍。

A：钢笔和铅笔一共多少元？

B：买的钢笔比铅笔贵多少元？

① 选一选：你选择的问题是什么？_____（选填"A"或"B"）。

② 写一写或者画一画：你是怎样分析数量关系的？

③ 算一算：把你的算式写下来。

④ 说一说：和你的同桌说一说你的想法。

（2）学生选择不同的问题，根据问题分析数量关系并列式解答。

层次1：选择A写数量关系和画线段图的；选择B写数量关系和画线段图的。

分析：两种做法都能体现我们是根据问题来分析数量关系的。

层次2：对比选择A和B的，提出问题：条件相同，为什么列式不相同？

分析：不同的问题，分析数量关系时也有所不同。

师：当我们遇到实际问题时，从问题出发可以采用画图的方法帮助理解数量关系，关键是要找准数量之间的联系进行分析，才能够使我们的问题解决得更加有效。

在这个过程中，教师将课堂还给学生，自主让学生利用之前积累的数学问题解决经验来发现问题、分析问题和解决问题。同时在对比中感受到分析数量关系方法的不同，尤其是用画图的策略能够更加直观感受到数量之间的联系，为后续的解决问题的策略——画图打下了一定的基础。另外，让学生对比，条件相同的情况下，问题的不同决定了分析问题时的思路不同，有效巩固了学生从问题出发分析数量关系的经验。

三、依托经验，积累问题解决经验

1. 出示问题

马小虎想选购一些文具，如下表7-1所示是他在文具店获得的数学信息和他的问题，你能够帮助他进行合适的选择和解答吗？

表7-1　文具店获得的数学信息

圆珠笔	钢笔	计算器
3元	比圆珠笔贵2元	与8支圆珠笔的价钱相等

问题：

A. 买一支圆珠笔和一支钢笔一共花多少元？

B. 一个计算器比一支圆珠笔贵多少元？

请你选择合适的信息和问题来帮助马小虎解决问题。

2. 学生展示自己的资源，其他学生互动评价

层次一：分别请选择三个学生上台展示自己的做法，同时要求学生清楚在分析问题的过程中，列出的数量关系分别是什么？（可以是文字表达分析也可以是画线段图分析）

层次二：比较三个学生在分析的过程中所采用的策略都是什么？从问题出发分析数量关系并进行评价。

师：你们还能够提出怎样的问题？能够根据问题自己选择条件进行分析和解答吗？

生：一支圆珠笔和一个计算器一共多少元？（其余学生根据所提的问题快速分析和解答）

最后的综合练习是教师根据教材中提供的题目，采用开放性问题的方式让学生自主分析和解答。在这个过程中，学生完整经历了发现问题、提出问题、分析问题和解决问题的过程，对于数学问题解决的经验有了进一步的提升和发展。既考虑了对学生知识和技能层面的训练，也让学生感悟了数形结合的数学思想和数学问题解决经验的积累。

四、整体思考

1. 复习课中，如何帮助学生积累数学问题解决经验

针对所有教师较容易忽略的复习课，尤其是解决问题的策略的复习，如果仅仅依靠对题量的加重、加深从而达到帮助学生完成复习任务无疑是落后的，

甚至是错误的。在本学期，学生学习了从问题出发解决问题的一般策略，其主要目的是让学生在之前所积累的问题解决经验的基础上，能够体会从问题想起策略的价值，进而为今后的问题解决提供更好的途径。因此，本节课从学生所熟悉的生活经验出发，通过不同层次的训练和指导，使学生明确问题解决的一般步骤，学会通过分析问题，提高自身问题解决的能力。

2. 有意识地整合教材，使学生解决问题的经验得到有效的积累

三年级的学生，刚刚完成了解决问题的策略中一般策略的学习。这是基础，只有打好基础，才能够帮助学生在接下来的数学学习中更好地解决问题。本节课，首先让学生在选择问题的基础上，安排学生根据问题选择合适的条件，利用所选的条件自主分析和交流，从而让学生真正经历了发现问题、提出问题、分析问题和解决问题的完整过程。尤其是在分析问题的过程中，学生根据自身能力，呈现了画图的方法和列数量关系的方法，在自身已有的经验基础上都能够有所提升。

3. 练习层次中，让学生经历对比，进一步提升经验

不同层次的学生在解决问题时采用的策略也不相同。在本节课的练习中，安排让学生选择问题和条件，进而自己提出问题，自主选择条件，整个过程是呈现螺旋上升发展的。在经历了根据问题选条件—自己选问题选条件—自己提问题选条件的过程中，学生的问题解决经验得以不断地提升和发展。学生不仅仅经历从生活经验转化为数学经验的过程，更重要的是在浅层次的经验中不断向深层次的经验过渡。在经验积累的过程中，发展了自身的数学思考，提升了数学素养。

第三节　数与代数中问题解决经验 积累的教学实践

问题解决的经验非常非常多，如颗颗明珠点缀在各个数学体系中，其中最多的应该就是分布在数与代数领域。下面将以苏教版三年级下册"用两步连乘解决实际问题"一课为例，谈一谈在数与代数领域中如何帮助学生积累数学问题解决经验。

一、基于所学，唤醒问题解决经验

师：同学们，你们喜欢看体育比赛吗？最喜欢看什么项目的比赛？老师最喜欢看乒乓球比赛了。乒乓球项目是我们国家的国球。今天我们首先要来解决关于乒乓球的问题。

出示教材例6的场景图，如图7-5所示：

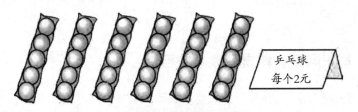

买6袋乒乓球要多少元？

图7-5　乒乓球信息

师：通过这幅图，你们获得了哪些数学信息？

预设：

（1）每个乒乓球2元。

（2）每袋有5个球。

（3）有6袋。

师：同学们观察得特别认真，找出了这么多的信息。根据这些条件，你能提出一个一步计算的数学问题吗？

分析一：一袋乒乓球要多少元？追问：怎么解决？

小结：我们根据"乒乓球每个2元"和"每袋5个"，可以算出每袋乒乓球多少元。

分析二：一共有多少个乒乓球？追问：怎么解决？

小结：通过"有6袋乒乓球"和"每袋5个"，可以算出一共有多少个乒乓球。

师：你们还能提出什么问题呢？

预设：6袋乒乓球一共需要多少元？

教师评价：你提得这个问题真有水平！这正是我们今天要解决的问题。

通过对例图的观察，让学生们从数学的角度来吸收信息，培养了学生的观察能力。同时充分理解条件，为后面的发现和提出问题打下伏笔。本节课对问题的呈现进行了改编，让学生们自己分析条件，并发现和提出问题，培养了学生的问题意识。在提问题的过程中，追问"怎么解决"，调取学生原有的解决问题的经验，尤其是基本的数量关系，为后面的用两步乘法解决实际问题打下坚实的铺垫。

二、基于问题，积累问题解决经验

师：你们能解决"买6袋乒乓球要多少元"了吗？我们先来看一下作业要求。

作业要求：

（1）想一想：根据题中的条件和问题，可以先算出什么，再算出什么。

（2）算一算：把你的想法用算式表达出来。

（3）说一说：和你们的同桌交流一下，比比你们的方法是否相同。

学生活动5分钟，查看相关学生的作业纸，收集资源，并找学生上黑板板贴思考过程。

展开交流：

（1）学生资源：$2 \times 5 = 10$（元）；$10 \times 6 = 60$（元）。

师：谁能说说他是怎么想的？

生：根据"有6袋乒乓球"和"每袋5个"，可以先算一共有多少个乒乓球；再根据"一共有多少个乒乓球"和"乒乓球每个2元"算出"买6袋乒乓球要多少元"。

（2）学生资源：$5 \times 6 = 30$（个）；$30 \times 2 = 60$（元）。

师：谁能说说他是怎么想的？

生：根据"乒乓球每个2元"和"每袋5个"，可以先算每袋乒乓球多少元；再根据"每袋乒乓球多少元"和"有6袋乒乓球"算出"买6袋乒乓球要多少元"。

（3）学生资源：$2 \times 5 \times 6 = 60$（元）。

追问：你们看懂这个算式了吗？圈一圈，先算的什么？和哪位同学的想法是一样的？哪种算式更方便？

（4）学生资源：$5 \times 6 \times 2 = 60$（元）。

追问：圈一圈，先算的什么？和哪位同学的想法是一样的？哪种算式更方便？

指出：在实际解决问题的时候，可以选择你们最喜欢的方法来列算式，可以是分步计算，也可以是连乘。

师：虽然刚才老师收集了4份作业，但其实他们的思考方法只有两种。请同桌之间再说一说这两种不同的思考方法。

比一比1：这两种思考方法有什么不同的地方呢？

明确：一个是先算一共有多少个乒乓球，再算一共需要多少元。另一个是先算一袋乒乓球要多少元，再算一共需要多少元。先求的问题不一样。

比一比2：再观察这两种思考解题过程中有什么相同的地方？

预设一：都是两步计算，都要用乘法来解决。（顺势点题）

预设二：都是先选择其中两个条件来求出一个新的信息，再用求出的新信息与最后一个条件联系，求出最后的问题。

这一环节重视了用两步连乘解决实际问题的思维过程展开，在前期经验激活的状态下，学生独立尝试解决，在阐述解决问题的过程中，在一系列的问题链里比较这些方法的异同，积累了大量的丰富的解决问题的经验。

三、总结提升经验

师：在解决问题的过程中，你们还有什么收获呢？回顾刚才解决问题的过程，我们是怎样来解决这个两步连乘问题的？（学生说说）

师：回顾整个解题过程，我们先……收集条件理解题意（板贴），然后……根据条件来确定思路（板贴），正因为我们选择的条件不一样，所以像这样的两步连乘问题，一般都有两种方法解决（板贴：列式计算），我们可以用其中一种方法来解答，用另一种方法来检验（板贴：检验）。可见开始选择的两个条件影响着整个解题思路。

通过前面的自主探究、序列交流，学生的问题解决经验已经有了很多，所以及时地帮助学生总结提升经验是非常有必要的，更利于学生的思维完善。

四、应用经验

1. 出示教材P12"想想做做"第1题

（1）3个班的同学去植树，每班分成6组，每组植8棵。

（2）一盒钢笔有10支，每支4元，买5盒这样的钢笔。

师：找出有联系的条件，说说可以先算出什么，怎样算；再想想，结合第3个条件，又可以算出什么？

要求：

①四人为一组，选择其中一个问题完成，但小组内方法不能唯一。

②小组内选两人来汇报不同的想法。

（学生交流）

（学生展示，说一说）

师：他们这组完成得怎么样？

（学生评价）

2. 出示教材P12"想想做做"第2题

每筐苹果20千克，4只小动物一共运走多少千克？

图7-6　小动物运苹果

用你喜欢的方法独立完成下面这道题。

（学生独立完成）

选择：2×4×20=160（千克）；20×2×4=160（千克）。

交流，并说一说"先算的什么，再算的什么"。

小结：我们不仅要关注收集文字里的信息，还要关注收集图里隐藏的信息。

过渡：刚才我们说了像这样的两步连乘问题，一般都有两种方法解决，我们可以用其中一种方法来解答，用另一种方法来检验。我们来尝试一下。

3. 出示教材P12"想想做做"第4题

少先队员割草，每个小队割3筐，每筐15千克。4个小队一共割了多少千克？

要求：先用你喜欢的方法来解决，再用另一种方法来检验。

和小伙伴交流每次都是"先算的什么，再算的什么"。

这几道题就是运用两步连乘来解决实际问题的。其中1、2两题中所蕴含的数量关系以及解决这些问题的思路都与例题差不多，进一步巩固在例题中所学习的分析和解决问题的方法，加深对数量关系的理解。第4题中的数量关系和例题有差别，三个已知条件的关联方式不一样。

五、全课总结

通过今天的学习，你们觉得自己又有了哪些新的收获和体会？

预设：

（1）我们都是先选择其中两个条件来求出一个新的信息，再用求出的新的信息与最后一个条件联系，求出最后的问题。

（2）像这样的两步连乘问题，一般都有两种方法解决，我们可以用其中一种方法来解答，用另一种方法来检验。

（3）先收集条件理解题意，然后根据条件来确定解题思路，再解决问题，最后检验。

六、整体反思

1. 研读教材，目标定位准确

本节课的教学设计定稿经过了好几次的磨合，在先前的几次试教中，发现学生即使不上这节课，也能独立正确地解决实际问题。所以本节课的教学目标到底应该如何定制？本节课的教学重点应该着墨于哪一部分？除了教学解决实际问题外，最重要的是什么？我们想，肯定就是问题解决经验的提升。

2. 充分考虑学生的已有问题解决的经验

大部分学生已经能独立解决问题了，所以就要在课堂上把这些经验先调动起来，因此特地对教材的呈现方式进行改变，学生的经验也确实调动了起来。根据条件的选择、整合的不同，提出了不同的问题，并对解决过程进行了阐述，对前期的数量关系起了很好的复习作用，为后期思维过程的展示做了很好的铺垫。

3. 基于教学过程，积累解决问题的经验

本节课除了解决实际问题外，最重要的是重视了解决问题方法的展开，促进学生思维的发展。在结构化资源呈现和序列化交流这一环节中，通过让学生写一写、说一说、比一比等环节，学生理清了条件之间组合的先后顺序和解决问题的思路，初步培养了学生的数量关系分析能力。

4. 注重数量关系的渗透

数学课程标准中指出："数学是研究数量关系和空间形式的科学。"由于教学对象是三年级的学生，还不适合正式提出数量关系这一概念，所以数量

关系的培养还是蕴含在解题思路中，以学生体验感悟为主。本节课尤其注重这一点，首先是通过选择条件来提出问题，这正是学生脑海中数量关系的外显，也是本节课的学习基础；接着是阐述用两步乘法解决实际问题的过程，更是理清、辨析数量关系的重要过程，对数量关系的体验感悟到了极点，为将来具体正式认识数量关系打下了坚实的基础。

第四节 "立足运算意义，渗透数量关系"的教学实践

数学课程标准中指出："数学是研究数量关系和空间形式的科学。"数量关系一直是数学学习的核心。在我们的记忆中，小时候的数学课堂中，说得最多的就是数量关系式。随着逐渐的淡化，再到现在的重拾，这个过程反映了我们教学理念的转变。以前是反对死教、硬教数量关系，学生不容易接受，现在则是提倡在生活情境中，激发学生的生活经验，在解决实际问题的过程中，及时帮助学生总结数量关系，让数量关系的教学渗透在每一节数学课堂中。现在新版苏教版数学教材中更是注重了对数量关系的教学，在计算和日常练习中也融入了对数量关系的培养。

数量关系的建构是数学学习的重要组成部分，应该从低年级就开始重视起来。下面我们就浅谈一下在低年级教学中渗透数量关系的实践做法。

低年级的学生由于思维还是以直观思维为主，所以并不适合直接教学数量关系，而只能在日常教学中潜移默化地感受数量关系。教师们在数量关系的教学上往往对信息的收集、整理很重视，却忽视了"从数学问题中抽象出数量关系"这个重要的数学建模过程。新课程理念下的"解决问题"教学，要把对数量关系的理解立足于四则运算的意义教学之中，让学生在理解意义的基础上，从数学问题中抽象出数量关系，从中潜移默化地感受到数量关系模型，为学生解决问题提供思考的依据。

一、立足加减运算意义的理解，渗透加减模型数量关系

在苏教版一年级上册的教材中，主要教学"10以内的加减法"和"20以内的加减法"，所有的计算教学都结合实际情境来帮助学生理解加减法的运算意义，在理解运算意义的过程中渗透数量关系。我们来看"5以内的加法"一课的一个片段：（见图7-7）

图7-7 "5以内的加法"的一个片段

师：同学们，你们从这幅图中看到了哪些与数学有关的信息呢？

生：我看到有3个人在浇水。

生：又来了两个人。

生：现在一共有5个人。

师：同学们观察得真仔细。还有谁能说得更有条理些？

（引导学生按照事情发展顺序来把3个信息合成一句话：原来有3个小朋友在浇花，后来又来了两个小朋友，现在一共有5个小朋友）

师：还有谁能说得更好？

生：原来有3个小朋友在浇花，后来又来了两个小朋友，现在一共有5个小朋友……

师：像这样，我们在数学上可以列成算式3+2=5。谁来介绍一下这里的3代表什么？2代表什么？5代表什么？

（学生说一说）

师：谁合起来介绍下这个算式？

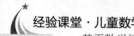

（引导：原来的3个小朋友，加上后来的两个小朋友，一共有5个小朋友）

师：还有谁来说一说？

生：原来的3个小朋友，加上后来的两个小朋友，一共有5个小朋友。

……

追问：只要怎样就能算出一共有多少个小朋友了吗？

（把原来的3个小朋友和后来的两个小朋友合起来）

在这一片段中，结合实际情境按照事情发展的顺序，学生能把3个信息完整地组合在一起，从而出示3+2=5。接着又进一步理解算式的意义，并反复让学生说3+2=5的意义，最后追问"只要怎样就能算出一共有多少个小朋友了吗？"由于之前反复说3+2=5的意义，所以学生能很快地就领悟到"原来浇花的3个人加上后来的两个人，一共就有5个人。"这样紧扣加法的运算意义，在说加法运算意义的同时，潜移默化之中就渗透了"原来的人数+后来的人数=总人数"这个数量关系。这个片段只是认识加法中的一个小插曲，在后面的练习中，还有很多的不同的数量情境，都能借助具体情境来理解运算意义，从而帮助学生感受积累不同的加法模型的数量关系。

在整个小学阶段，由于学生在日常生活中有一定的生活经验，加减法类型的数量关系的理解并不难，比较好理解。如此，在加法运算中感受数量关系，在减法中也同样适用，就不再展开了。

二、立足乘法运算意义的理解，渗透乘法模型数量关系

1. 扎实认识"几个几相加"

在乘法运算的教学中，一定要解释清楚"表示几个几相加"。因为这些其实是一些常见数量关系，如"单价×数量=总价""速度×时间=路程"等。

在"表内乘法（一）"这一单元中，教材第一个环节安排的就是认识几个几相加，我们来看一下这个片段：（见图7-8）

图7-8 "认识几个几相加"的一个片段

师：同学们，在这幅图里，你们看到了哪些小动物？这些小动物是怎样排列的？

（引导学生说出：兔子有3堆，每堆2只，鸡有4堆，每堆3只）

师：兔子有几个2只？鸡有几个3只？

提问：根据图中的信息，你能提出什么问题？

（兔子一共有多少只？鸡一共有多少只？）

再问：要求兔子一共有多少只，鸡一共有多少只，分别可以怎样列式？

根据学生回答，板书：

兔子的只数：2+2+2=6（只）

鸡的只数：3+3+3+3=12（只）

提问：认真观察这两个算式，它们有什么特别的地方？

（引导说出加数都相同）

提问：2+2+2中相同的加数是几？有几个这样的加数相加？

3+3+3+3中相同的加数是几？有几个这样的加数相加？

（板书：3个2相加，4个3相加）

……

这一环节的教学甚至比后面认识乘法更重要，因为这是从数学情境中抽象出乘法意义的过程。以后在解决实际问题时，学生第一步就需要模仿这样的流程去观察图，收集相关数学信息，抽象乘法意义，从而列出乘法算式。

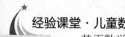

2. 立足乘法的运算意义，渗透乘法模型数量关系

在扎实有效地抽象出乘法意义后，教材中给学生安排了一系列的实际情境，来帮助学生巩固对乘法意义的认识。我们可以对这样的环节再深入挖掘，理解乘法意义的同时，也渗透一些乘法模型数量关系。如"6的乘法口诀"一课：（见图7-9）

图7-9 "6的乘法口诀"的一个片段

师：观察图，旋转木马上每次可以坐多少人？

（每次坐6人）

师：两次可以坐多少人？3次、4次、5次、6次呢？

（学生列式：2×6，3×6，4×6，5×6，6×6）

师：为什么这样列式呢？

（学生说说乘法的意义，反复多说几遍）

（省略口诀编制过程）

师：我们来观察这些算式，都有什么共同点？

（引导说出：多少$\times6$）

追问：始终不变的6表示什么？一直在变的是什么？得数都表示什么？

渗透：每次可以坐6人$\times$次数=一共坐了多少人。

……

这个片段也只是运用乘法运算的一个案例，在后面的练习中，还有很多的不同的数量情境，都能借助具体情境来理解运算意义，从而帮助学生感受积累不同的乘法模型的数量关系。经过一、二、三年级三年的潜移默化的渗透，在四年级正式学习"常见的数量关系"时，才能真正理解，建模出"每份数$\times$份数=总数"。

三、立足除法运算意义的理解，理解除法模型数量关系

乘法模型的数量关系是最基本的数量关系，根据乘法模型的数量关系可以推导出两个除法模型的数量关系，但是还是要结合除法运算意义来帮助学生理解记忆。

除法意义是比较难理解的，所以在二年期上册的教学中一定要扎实有效地结合情境来多说运算意义。最后根据除法运算意义理解，从根本上可以总结出"总数÷份数=每份数"和"总数÷每份数=份数"这两个基本类型。我们常见的"工作总量÷工作时间=工作效率""工作总量÷工作效率=工作时间"等数量关系其实都是这两个数量关系的变式。之后在相应的练习中，每次都要让学生联系"总数÷份数=每份数"和"总数÷每份数=份数"这两种运算意义多说多理解。

让学生明白数量关系，对培养学生数学观念十分重要，掌握了数量关系就会使学生对数量的认识从感性认识上升到理性认识，从而为他们走入数学王国奠定基础。数量关系的内化并不是一两节课就能真正掌握内化的，这是一个长期的过程。在这个长期的过程中，需要在日常教学中，不断地让学生经历情境、调动学生的生活经验，基于经验解决实际问题，反思完善经验，并不断巩固强化。

第八章

基于数学活动经验的教学评价

第一节　基于数学活动经验的教学评价视角

数学活动经验的积累是提高学生数学素养的重要标志，帮助学生积累数学活动经验是数学教学的重要目标。教学评价是对学生学习过程的评价，目的在于激发学生的学习动机。为了帮助学生较好地积累活动经验，我们在教学实践过程中探索出了教学评价的五个视角。

视角一：教学评价要关注学生已有经验的前测

奥苏贝尔说过："……影响学生学习新知的唯一最重要的因素，就是学习者已经知道了什么……"因此教师在教学前必须做好前测，认真研读教材，弄清知识的前后联系，了解学生的起点，以经验开路，不断提升学生的数学活动经验水平。具体前测方法可以是教学前的访谈、问卷调查；也可以是研读教参，关注教参中每一个单元编排结构。

视角二：教学评价要关注教学情境的创设

数学活动经验的形成，需要经历从生活经验向数学经验，亦即向抽象层面过渡与发展。故教学时要认真分析教材，尤其是要认真研究教材所提供的情境图，立足教学、根据需要，创设一个合适的问题情境，为帮助学生积累一定的数学活动经验奠定重要基础。

一是情境的选择，既可以是生活情境，也可以是数学情境，不管创设哪种情境，这个情境必须蕴含数学信息和数学问题，为发现和提出问题奠定基础。

二是情境的呈现，要细化、动态化，不要简单呈现静态情境，可以先呈现情境，再逐步呈现信息，让学生在情境中观察，在观察中体验，在体验中思考，在思考中发现问题、提出问题。

三是情境的利用，不能让数学学习一直置于具体情境之中，要把握好情境利用的度，合理进行，在教学过程中要注意及时抽象，引导学生从具体情境过渡到数学的思考。

教学片段：三年级下册解决问题的策略

1. PPT出示部分信息

如图8-1所示，买一套运动服和一双鞋一共需要多少元？

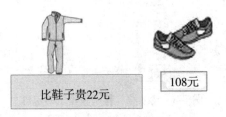

图8-1　运动服和鞋子的价钱

师：同学们，学校马上就要举办运动会了，小明正在为了运动会做准备，周末拉着爸爸来到了商场，瞧，你们能解决这个问题吗？要想解决这个问题，你们准备先算什么，再算什么呢？

生：要先算出一套运动服的价钱，再算出一套运动服和一双运动鞋一共需要多少元。

（根据学生回答，相继呈现框线图，如图8-2所示）

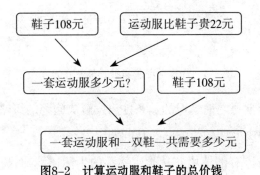

图8-2　计算运动服和鞋子的总价钱

师：我们一起来列式解决这个问题。

108+22=130（元）；130+108=238（元）。

师：同学们，这其实就是我们之前学习的解决问题的哪种策略呢？

（根据学生回答，板贴从条件出发）

2. PPT呈现信息

小明和爸爸带300元去运动服饰商店购物。

图8-3　运动服、鞋子和帽子的信息

师：就当小明迫不及待要拿下衣服的时候，爸爸提醒小明买东西要货比三家，于是小明和爸爸又看到了这些，你们知道了哪些数学信息呢？

学生回答，教师追问：这些信息在解决问题的时候都会用到吗？

学生：需要有问题才能知道用什么条件。

师：这位同学说得可真好，我们要根据问题来选择需要的条件，那么仔细看问题。

3. PPT呈现问题

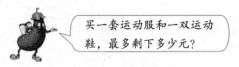

买一套运动服和一双运动鞋，最多剩下多少元？

图8-4　计算运动服和鞋子最便宜的方式

师：现在你们觉得之前学习的从条件出发解决问题的策略还能用吗？

引出课题：解决问题的策略——从问题出发。

适当改编教材原有的情境，从学生熟悉的生活情境导入，帮助学生回忆三年级上册"从条件出发"的策略，同时为新授后对比总结两种策略打下基础。

此外将问题后置呈现，能更好地激发学生从问题出发分析和解决问题策略的内在需求，而不是直截了当地告诉学生今天这节课需要学习一种新的策略。

视角三：教学评价既要关注结果，更要关注过程

《义务教育数学课程标准（2011年版）》强调结果与过程并重，数学教学不仅要教作为结果的数学结论，更要引导学生经历数学结论的产生和形成过程。学生在数学学习过程中能否调用已有生活与学习经验、能否自觉运用画图、列表、举例等方式来寻求问题的解决方案将是我们进行教学评价的又一视角。我们以为，只有当学生有了充分的数学活动经验的积累，他们遇到问题时进行自主探索、寻求问题解决的方案并最终解决问题才将是一个水到渠成的过程。

视角四：教学评价要关注学生的应用意识

学生在经历了一系列的数学活动后，能在新的情境下自发应用已经积累的数学活动经验。应用意识作为数学基本活动经验的核心成分，需要教师在教学过程中更多地加以关注和发展。

在义务教育阶段，应用意识有两个方面的含义：一方面，有意识地利用数学的概念、原理和方法解释现实世界中的现象，解决现实世界中的问题；另一方面，认识到现实生活中蕴涵着大量与数量和图形有关的问题，这些问题可以抽象成数学问题，用数学方法予以解决从而积累问题解决等相关数学活动经验，提高数学素养。

教学片段：六年级总复习"设计学具"

研究一：学具材料

学校打算做一批长方体和正方体的学具，现用三种材料——铁丝、纸板、木料分别去做长、宽、高分别为 a、b、h 的长方体（接头处忽略不计），你能想象用这些材料做成的长方体各需要多少材料吗？（出示三种材料制成的长方体模型）

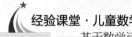
根据学生的回答做相应板书，如图8-5所示。

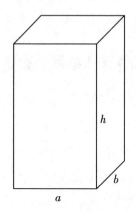

图8-5 板书设计

铁丝的总棱长：$4(a+b+h)$。

纸板的表面积：$2(ab+ah+bh)$。

木块的体积：abh。

师：看来选择材料还真有讲究。不同的材料构成了长方体的前面、左面和上面。

由于长方体不同的部分，所以计算时所用的方法也不一样！

研究二：研究学具类型

任务一：设计6个面都是长方形的长方体。

师：如果将长方体进行分类可以分成几类呢？

根据学生的回答，板贴长方体的类型，如图8-6所示。

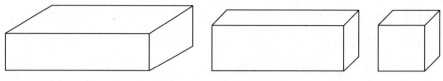

图8-6 不同类型的长方体

师：这些长方体都有什么共同的特点？

预设：相对面相等、相对棱长相等等。

师：你们觉得老师要给你们长方体的几个面，你们才能还原设计好这个长方体呢?

引导学生思考交流,最后引出只要两个不同的面。课件演示如图8-7所示。(单位:厘米)

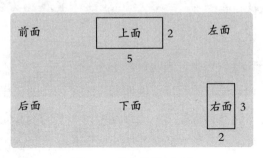

图8-7　长方体的6个面

任务二:切一刀,得到两个面是正方形的长方体,如图8-8所示。(单位:厘米)

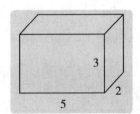

图8-8　两个面是正方形的长方体

师:怎样将刚才的长方体切成有两个面是正方形的长方体呢?先独立思考再小组讨论。

根据学生资源,电脑演示如图8-9所示。(单位:厘米)

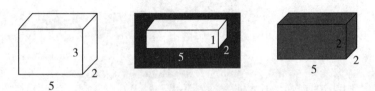

图8-9　电脑演示学生资源

师:根据这种切法,切成的两个小长方体和原来的大长方体相比什么变了?什么没变?

预设：体积没有变化，表面积发生了变化。

师：你们能根据这三幅图提出一些关于体积和表面积的问题吗？

预设：切掉的小长方体体积是多少？

剩下的长方体体积是多少？

切掉的小长方体表面积是多少？

剩下的长方体和原来相比，表面积减少了多少？

两个小长方体和原长方体相比，表面积发生了怎样的变化？

师：这些问题你们都会解答吗？选择其中的一个问题和同桌交流。

集体交流时，着重交流剩下的长方体和原来相比，表面积减少了多少？

呈现多种资源：①（5×3+2×3+5×2）×2=62（平方厘米）；

（5×2+2×2+5×2）×2=48（平方厘米）；

62-48=14（平方厘米）。

②（5+2）×2×1=14（平方厘米）。

师：除了横着切一刀可以得到一个两个面是正方形的长方体，还有其他的切法吗？

预设：还可以竖着切，得到一个长3厘米、宽2厘米、高3厘米的长方体。

课件出示如图8-10所示。

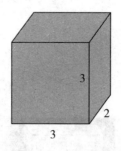

图8-10　出示课件

师：你们能快速解决刚才那个问题吗？

集体交流。

任务三：切出最大的正方体。

师：从图8-11（单位：厘米）中的三个长方体中任选一个切出最大的正方

体，边长是多少？

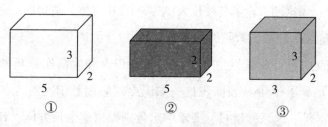

图8-11　任选一个切出最大的正方体

（通过操作发现，不管怎样切，都得到一个棱长为2厘米的正方体）

师：这几个长方体大小不一样，为什么切出来的正方体都一样呢？

根据学生回答，引导总结最大正方体棱长受长方体最短棱长的限制。

研究三：学具包装

师：三种类型的学具制作都完成了，接下来我们就要将它们打包整理并用包装盒包装。

（1）研究包装盒的容积大小。课件出示如图8-12所示。

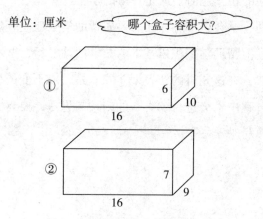

图8-12　研究包装盒的容积大小

师：这几种包装盒哪个容积更大一些呢？包装盒厚度忽略不计。

预设：分别算一算各自的容积再比一比。

师：不算容积，能比较出来吗？

预设：两个盒子长相等，①号盒侧面积是10×6=60（平方厘米），②号盒侧面积是9×7=63（平方厘米），因此②号盒容积大。

（2）师：用这两个盒子装棱长为1厘米的小正方体，猜猜哪个盒子装得多?

学生争论表达想法，教师课件演示。

通过创设"设计学具"这个情境，将知识点和生活实践巧妙地整合在一起，更好地培养了学生对表面积这一知识点的应用意识。首先，通过用"铁丝、纸板、木料"这三种材料，要求学生分别做出这个长方体，各至少需要多少材料，有效地复习了长方体棱长、表面积和体积的计算；其次安排了三个任务，一是"做6个面都是长方形的长方体"，二是"切一刀，得到两个面是正方形的长方体"，三是"从三个长方体中任选一个切成最大的正方体"，最后比较了两个特别的长方体容积的大小。学生在完成一个个任务的过程中经历了观察、探究、比较和交流讨论，不仅有效地提升了学生的思维，还让学生积累了丰富的问题解决的经验，提升了学生的数学应用意识。

视角五：教学评价要关注是否建立教学模型

数学活动经验的积累还需要从是否帮助学生逐步建立一定的数学模型思想来审视，解决问题、学会思维等往往需要先帮助学生建立一定的数学模型，这才能在更大的程度上帮助学生积累基本的数学活动经验，并不断提升学生的数学思维品质。当然，在这儿讲的"模型"并非是一成不变的模式化，而是要让学生在数学学习过程中学会进行"类"的归纳与思考，要善于引导学生在数学现象中寻找规律、发现方法等。

第二节 基于数学活动经验的教学评价建构

《义务教育数学课程标准（2011年版）》将积累基本数学活动经验作为课程总目标中的"四基"之一，这是"数学教育目标现代演变的一个重要标志"（张天孝语），也是"十年课改的一个标志性成果"（史宁中语）。关于数学活动经验的定义阐述目前还没有统一的表述，但诸多诠释中却有共性可循，即数学活动经验具有个体性、内隐性等特征。现简要谈谈基于数学活动经验的教学评价之实践思考，以引起更多的一线教师能真正在课堂教学中有效落实数学基本活动经验之教学总目标。

一、体系化思考

根据史宁中教授与江苏省教研室王林主任关于"数学基本活动经验"阐述的观点，我们将数学基本活动经验分为"数学行为操作活动的经验、数学探究活动的经验、数学思维活动的经验和数学问题解决的经验"四类。

上述对数学活动经验四个维度的分类，有助于我们开展教学实证性研究。当下国标本苏教版数学教材内容是我们研究的基点，通过梳理、讨论，能帮助学生积累数学行为操作活动经验与数学探究活动经验的题材各有18个、数学思维活动经验与数学问题解决经验的题材各有20个，具体如表8-1所示。

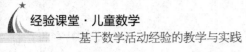

表8-1　帮助学生积累数学活动经验的教材内容表

经验类别	册数	内容	经验类别	册数	内容
数学行为操作活动经验	1	有趣的拼搭	数学探究活动经验	1	认识图形（一）
	1	认识11~20各数		4	有余数的除法
	2	认识图形（二）		5	周长是多少
	2	我们认识的数		5	多彩的"分数条"
	2	小小商店		6	动手做
	3	观察物体		7	运动与身体变化
	4	千以内数的认识		7	怎样滚得远
	5	认识千克和克		8	用计算器探索规律
	5	认识长方形和正方形		8	一亿有多大
	5	认识周长		8	认识三角形
	5	平移、旋转和轴对称		8	多边形的内角和
	6	长方形和正方形的面积		9	平行四边形的面积
	7	垂线与平行线		9	三角形的面积
	8	平移、旋转和轴对称		9	梯形的面积
	10	圆的认识		9	用计算器计算
	11	正方体表面展开图		11	长方体和正方体的体积
	12	不规则物体的体积		12	圆柱的体积
	12	神奇的杠杆		12	圆锥的体积
数学思维活动经验	1	9加几	数学问题解决经验	2	求被减数的实际问题
	2	十几减9		2	求减法的实际问题
	3	认识除法		2	求两数相差多少的实际问题
	3	9的乘法口诀和用口诀求商		3	求比一个数多（少）几的数
	4	两位数加两位数的口算		4	简单的两步计算实际问题
	5	间隔排列		5	求一个数是另一个数的几倍
	6	有趣的乘法计算		5	求一个数的几倍是多少
	6	算24点		5	解决问题的策略：从条件想起
	7	商不变规律		6	连乘解决实际问题
	7	简单的周期		6	解决问题的策略：从问题想起

续 表

经验类别	册数	内容	经验类别	册数	内容
数学思维活动经验	8	积的变化规律	数学问题解决经验	7	用连除解决两步计算问题
	9	小数的意义		7	解决问题的策略
	9	小数加减法		8	常见的数量关系
	9	钉子板上的多边形		8	解决问题的策略
	10	和与积的奇偶性		9	解决问题的策略
	10	圆的面积		10	列方程解决实际问题
	11	体积单位的换算		10	解决问题的策略
	11	表面涂色的正方体		11	解决问题的策略
	12	圆柱的表面积		11	百分数实际问题
	12	面积的变化		12	解决问题的策略

教材是学生积累基本活动经验的重要依据，教师在教材分析时要侧重对"基本活动经验"的梳理与把握，在此基础上对教材相关内容进行适当地加工、拓展和补充，以此来唤醒学生的活动经验，促进新经验的生成与累积。我们梳理上述76个典型题材，目的就是要让一线教师明确知道：每一类数学活动经验的积累可以通过什么样的题材来实现，以增强教师关注经验积累的教学意识。同时，通过对教材的纵向梳理也意在让教师主动研究每一类经验的积累是如何螺旋上升的，不同领域之间的经验有什么内在关联性。

二、过程性建构

数学基本活动经验积累的关键是要让学生经历真正的数学学习过程，这就需要教师能切实了解学生的已有知识与经验。奥苏贝尔说过："……影响学生学习新知的唯一最重要的因素，就是学习者已经知道了什么……"因此，在平时的教学过程中，我们在认真研读教材的基础上，会以学生的经验开路，设计基于数学活动经验的教学访谈、前测或问卷调查。同时，我们也更关注教材中每一个单元的编排结构，如教学三年级上册《解决问题的策略——从条件想起》时，我们会着重分析单元教学的前沿、后继，如表8-2所示。

表8-2　整理学习相关内容

已学过的内容	本单元格的主要内容	后续学习的相关内容
1. 简单的一步计算实际问题（结合四则计算的教学安排）	从条件出发思考的策略解决两步计算实际问题。	1. 从问题出发思考的策略解决两步计算实际问题（三年级下册）
2. 简单的两步计算实际问题（二年级下册及本册教材第一、四单元）		2. 灵活运用从条件或问题出发思考的策略解决实际问题（四年级下册）

我们知道，经验的积累必须是学生亲身经历、体悟的过程，这就要求教师要精心设计数学活动。如教学画圆时，评价指标是学生对画圆要有自己的切身体会，在动手画的过程中寻找画圆的共性，发现圆的特征。

（1）我们可以用什么来画圆呢？并请学生动手画出一个圆（圆形物品的盖子、硬币、量角器……）。

（2）学生尝试用圆规画一个任意圆（师巡视）。同时，请学生谈一谈用圆规画圆的注意点。

生：画圆时，要把针尖固定。

生：手握把柄。

生：画的时候圆规要有一点倾斜。

生：画圆时，圆规可不动，我们可以转纸。

师：那转纸时，圆规两脚尖之间的距离能动吗？

生：不能动。

（3）学生再次用圆规画圆（任意圆）。

（4）操场上画"大圆"。

把磁铁吸在黑板上，用绳子在黑板上模拟在操场上画圆（两个组开展比赛）。

A组，两名同学合作画圆；B组，教师与一位学生合作画圆。

说明：A组的绳子具有一定的弹性；B组的绳子没有弹性。

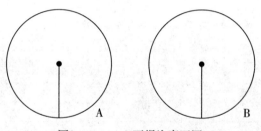

图8-13　A、B两组比赛画圆

学生在画圆的过程中发现了他们自己的绳子有弹性，而老师的绳子没有弹性，同学们几乎异口同声地说：老师作弊。

通过操作、交流与辨析，学生逐渐明晰：画圆时，虽然工具不一样，但有一个点不能动（圆心），画圆时圆规两脚尖的距离也不能动（半径），画圆时都要旋转一周。

……

应该说，这一数学活动的设计是巧妙的，学生学习过程的展开是真实的，学生们已融入学习情境之中，自发而迫切地寻求着问题解决的路径，它非常典型地帮助学生积累了数学行为操作活动（画圆）的经验。首先，教师通过谈话激活学生对画圆的已有生活体验，而后学生在用不同方法画圆的过程中初步体悟圆的特征。当学生首次交流用圆规画圆的体会时，其实学生的感悟并不十分深刻，至少认同感还不够强烈。但当交流后再次用圆规画圆，尤其是A、B两组在黑板上进行模拟操场画圆比赛，学生组很难画出标准圆时，学生已实实在在地感受到画圆时的关键点：圆规两脚尖之间的距离不能变。学生在画、交流、辨析等丰富的活动中，不仅学会了画圆，而且对圆的特征也感悟至深。

从过程性建构视角审视，积累数学活动经验的策略除了让学生真实地经历知识的发生、发展过程，更重要的是能引导学生对经历的学习过程进行反思，现行苏教版教材在这方面尤其重视。如在学习四年级下册"解决问题的策略——画图"一课后，教材作了如图8-14安排。

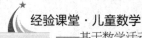

图8-14　解决问题的策略——画图

　　从版面安排即可知道"回顾反思"应是一个重要的学习环节。通过反思，学生进一步感受到了画图解决问题的优点，同时非常明晰地知道画图策略并不陌生，在原来的学习过程中就已经多次用到过，只不过是没有明确提出而已。这样的反思过程促使学生把新的体悟主动纳入原有经验结构中去，优化了学生的已有认知，提升了学生问题解决的经验水平，思维品质也得到了发展。

三、增值式引领

　　由于学生的数学活动经验是隐性的、具有典型的个性特征，很难进行测量，故教师在上课时极易忽视，或只是口头重视而已。为引领教师能主动关注学生数学活动经验的积累，我们倡导数学课堂中要做到"学法五动"，即数学课堂中要尽可能做到"动手操作、动眼观察、动脑思考、动口说理、动耳倾听"。"学法五动"是基于学生数学活动经验的积累提出的，每一节课中不一定要全部做到，应视教学内容和学生的学习情况而定，但至少应当体现出其中的一至两点。在此基础上，我们通过多轮讨论，设计了"基于数学活动经验的教学评价表"，具体如表8-3所示。

表8-3 基于数学活动经验的教学评价表

授课教师			所在学校		年级班级		
执教时间			教学内容		评价者		
评价项目		评价要素				分值	评分
教师的教学活动50分	教学理念	教师能以学生的认知发展水平和已有的经验为基础，面向全体学生，注重启发和因材施教。教学中能以学生为本，注重学生问题意识的培养，关注学生自身的可持续发展				5	
	教学目标	在调研学情的基础上设定符合课标、教材要求与学生实际状况的教学目标；目标关注学生数学活动经验的积累与提升情况				5	
	教学内容	正确领会教材编写意图，能基于学生的数学活动经验合理开发教学资源，创造性使用教材；内容安排合理，重点突出				5	
	教学过程	开展学生数学活动经验水平的前测工作，能根据学生的经验水平设计教学				5	
		有效并灵活落实"基于经验—唤醒经验—积累经验—提升经验—应用经验"五环节教学模型思想				10	
		教学中能让学生在动手操作、动眼观察、动脑思考、动口说理、动耳倾听等丰富的活动中长知识、积经验、增智慧				10	
		能引导学生在对比、反思等活动中积累丰富的数学活动经验，发展学生的数学思维				5	
	师生评价	课堂彰显评价艺术，教师对学生的生成及时抓住，教学机智，评价促进了学生的学习积极性；生生互评，互相探讨，交流争辩中共同成长				5	
学生的学习活动50分	参与程度	有到台前表达自己思路（考）的机会				4	
		学生能参与小组合作学习，自主探究				5	
		有90%以上的学生能在课堂中表达自己的想法和见解				6	
	经验过程	学生能自觉调用已有知识和经验主动解决数学问题				5	
		有足够的时间与空间，让学生经历知识发生、发展的过程				5	
		学生有机会开展操作、实验、观察、猜测、推理、验证等探究性的学习活动				5	
		学生能自己从实际中抽象出问题模型，能进行同学之间的交流，能进行学生之间的评析				4	
		学生能主动思考知识获得与问题解决的路径，能反思知识获得与问题解决路径的优劣				4	
	数学思考	学生能借助思维材料独立思考或小组合作，能清晰完整地表述自己的思考过程				4	
		学生能根据数学学习材料自主进行假设猜想、操作探究、验证猜想直至得出结论，总能自主回顾反思				4	
		师生、生生之间能进行深层次的对话与交流；能采纳别人好的建议，做到资源分享				4	
总评意见						总分	

在上表中，我们重点关注两个维度，即教师的教学活动和学生的学习活动，其中学生的学习活动从三个方面引导教师进行观察，即"参与程度、经验过程与数学思考"。为让教师对学生的数学活动经验水平进行描述性评价，我们在设计了上述课堂教学评价表后，还设计了"学生数学活动经验水平评价表"，如表8-4所示。

表8-4　学生数学活动经验水平评价表

执教者姓名		开课学校		执教日期	
教学内容				班级	
主要关注数学活动经验类别					
等级 经验分类	水平一	水平二	水平三		学生 水平描述
数学行为操作活动经验	学生能模仿教师的操作演示，进行相关的数学活动	学生能根据教师的操作要求及提示，进行相关的数学活动	学生能根据学习内容的需要，自主设计并进行相关数学活动，并能回顾反思自己的操作过程		
数学探究活动经验	学生能在教师的悉心指导下分步进行假设猜想、操作探究、验证猜想直至得出结论	学生能在教师的适当启发下进行假设猜想、操作探究、验证猜想直到得出结论，时常能回顾反思	学生能根据数学学习材料自主进行假设猜想、操作探究、验证猜想直至得出结论，总能自主回顾反思		
数学思维活动经验	学生能在教师的讲解或引导下借助思维材料逐步思考，初步能把自己的思考过程与同学进行简单交流分享	学生能在教师的启发下，借助思维材料进行思考或小组合作，基本能把思考过程表述清楚，其他同学进行思维分享时能参与并作适当补充	学生能借助思维材料独立思考或小组合作，能清晰完整地表述自己的思考，主动进行同学之间的交流，并积极作评析，能自觉回顾思考过程		

等级 经验分类	水平一	水平二	水平三	学生 水平描述
数学问题 解决经验	学生在教师的讲解和引导下能理解从实际中抽象出的问题模型，能模仿性的尝试解决相关的实际问题，并最终解决问题	学生在教师的引导下能自己从实际中抽象出问题模型，能在教师启发下主动思考问题解决的路径，同时解决问题	学生能自己从实际中抽象出问题模型，主动思考问题解决的路径，清晰准确地解决问题，同时，还能反思问题解决路径的优劣	
学生"数学活动经验积累"的评定意见				学生数学活动经验积累综合评价等
				评价者签名

学生数学活动经验的积累也是一个循序渐进，层层递进的过程。在递进过程中，后者建立在前者基础之上。因此，设计本表旨在引导教师在平时的教学过程中不断关注学生的数学活动经验水平发展情况，以让学生的某一数学活动经验水平能够趁机而上，而不至于低水平、低品质徘徊。

众所周知，数学学习具有累积性，后一阶段的学习总是建立在学生已有的知识和经验的基础之上的，是对前一阶段知识与经验的深化与发展。因此，基于数学活动经验的教学评价视角来审视当下的数学课堂教学，我们认为，帮助学生积累数学活动经验的办法其实很简单，那就是要让学生经历过程，在数学活动中体验。为此，教师关键要做好三方面的工作：一是要设计数学活动；二是让学生经历过程；三是让学生反思评价。

第九章

基于数学活动经验的经典课例赏析

第一节　用数对确定位置

【教学内容】

苏教版小学数学四年级下册第八单元《确定位置》。

【教学分析】

1. 内容分析

日常生活中，人们经常要确定物体所在的位置。如果物体排列在一条直线上，往往用"第几"描述它的位置。如，从前往后数第5个，从左往右数第7个等。如果表示物体在平面上的位置，往往用两个"第几"。如电影票上的第6排第8号，图书架上的第3层第4本等。这些描述联系生活经验，十分有用，方便了表达和交流，体现了自然数有表示次序的作用。本节课教学用"数对"确定位置，在生活经验描述位置的基础上，应用数学方法确定位置，进一步发展空间观念，培养数学思考的能力，并且渗透到以后要认识的直角坐标系中。

2. 学情分析

一年级上册教材用一个"第几"描述物体在直线上的位置，如从右往左第5个是小明。二年级教材用两个"第几"表示物体在平面上的位置，如小红坐在第6排第4个。"位置"对于四年级学生来说是非常熟悉的数学概念。通过本节课的描述，加强了方向感，获得了自然数能表示次序的体验。在这些经验的基础上，本节课教学用"数对"确定位置，从原来凭生活经验描述位置上升到用数学方法确定位置，从而发展数学思考，培养空间观念。

【教学目标】

1. 学生在具体的情境中认识列、行的含义，知道确定第几列、第几行的规则，初步理解数对的含义，会用数对表示具体情境中的位置。

2. 通过形式多样的确定位置的方式，让学生在探索知识的过程中发展空间观念，并增强其运用所学知识解决实际问题的能力。

3. 感受确定位置的丰富现实背景，体会数学的价值，产生对数学的亲切感。

【教学过程】

（一）谈话交流，确立风格

谈话引入：同学们来自哪个班？

互动交流中为今天这节课"用数对确定位置"的风格：简洁、准确（板书），埋下伏笔。

设计意图：这里一句看似简单的提问，你来自哪个班？学生们的习惯回答是四（2）班或者四（3）班，简单的对话交流之后，原来这样简洁的表达方式也能使别人明确他的含义，为后面的教学"第3排第4个"的简洁表示法打下铺垫。

（二）复习尝试，创造数对

师：其实，数学也是这样。比如，在二年级时我们已经研究过用"第几排、第几个"等方式来确定人或物体的位置，还记得吗？

用二年级学过的旧知识来解决身边座位的位置问题，你可以确定小军的位置吗？

第4排第3个、第3排第4个等。

设计意图：第斯多惠说："教学的艺术不在于传授本领，而在于激励、唤醒和鼓舞。"通过呈现学生比较熟悉的教室里有序排列的座位的场景，激活学生头脑中已有的描述物体位置的经验；然后通过交流，引发学生产生用一致的方式表示位置的需要。

师：既然这样的方式已经能够确定位置了，那我们今天还来研究什么呢？

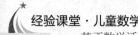
引导学生寻找更简洁的表示方法，小组合作，集中大家的智慧，创造出一种更简洁、准确的方法。把研究出的方法记录在自己的作业本上，如能找到不同的方法，都可以记录下来！

学生以小组为单位展开研究。师巡视并将学生中出现的典型方法记录下来，然后板书。

设计意图： 皮亚杰说："一切真理要由学生自己获得，或由他们重新发现，至少由他们重建。"通过用数和符号来简洁表示小军学习活动的位置，让学生创造出自己认为简洁的表示方法，培养学生的创新精神。

（三）自主交流，建构数对

展示学生的数对作品，全班交流，评析。

师：有没有值得肯定的地方？不管哪种设计方案，4和3都一直在，那这里的4和3究竟各表示什么意思呢？为了便于观察和思考，我们可以把这里的每个人都看作一个小圆圈。交流中确定"列"与"行"。

用两条直线表示相应的行和列，并相交于一点，以确定相应的位置。

设计意图： 在自主交流中确立列、行的含义和确定第几列、第几行的规则，然后认识场景图中的列和行，再把具体的场景图抽象成圈圈图。同时，借助于课件，形象直观地帮助学生理解规则。

继续探讨剩余的方案，最后在争辩中确立了与数对相似的设计。像这样，用列数和行数所组成的一个数对来确定位置，就是我们今天要研究的内容（边介绍边板书：揭题，如图9-1所示）。

图9-1　根据数对找人

（四）练习巩固，提升认识

1. 基础练习

出示图9-1，用数对表示小军的两个好朋友的位置。根据数对找人。

2. 座位中的数对

师：同学们掌握得确实不错。瞧，今天，咱们的座位也排得整整齐齐的，如果让你们用数对来表示你们自己的位置，行吗？然后再介绍你们的好朋友在哪里？

……

设计意图：让学生结合教室中的位置，进一步巩固对列、行和数对的含义的认识。再利用学生写出的数对，找同行同列的几个数对，使学生认识到：同行的同学的数对，第二个数相同；同列的同学的数对，第一个数相同。然后充分利用教室中的场景，让学生通过找朋友的接力游戏出题、答题，进一步掌握今天学习的内容。这些学习活动，进一步加深了学生对数对的理解，提高运用所学的知识解决实际问题的能力，更激发了学生学习数学的热情。

3. 含未知数的数对

直接报数对，请符合要求的同学迅速起立。看谁的反应最快。（3，1）（3，2）（3，3）（3，4）（3，5）。相应的五名学生一一起立。随即提出疑问：怎么就齐刷刷地站起来一队？如果也让你来出几个数对，你有本事也让一队同学站起来吗？

生尝试说。

你们有什么发现？怎样用一个数对就能做到？显示数对：（4，x）符合要求的同学请站起来。在交流中明确（4，x）中的 x 是一个未知数，既可以表示1，也可以表示2、3、4等，所以都站起来了。

生尝试一个数对表示一行的表示方法。（x，3）

全班都站起来，一个数对的延伸。（x，y）

（五）拓展延伸，认知升华

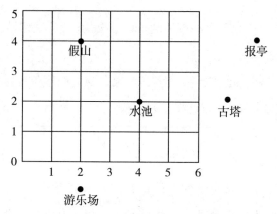

图9-2　用数对表示格子外的点

（1）平面图上的数对问题。（一幅图的资源利用最大化）根据地址找位置，根据位置定地址的基础性练习巩固。

（2）（课件出示如图9-2所示）观察一下平面图，怎么啦？

出格的点也能用数对表示，学生自我意识到只要确定了方格图，平面上的任何一个点，都可以用数对来确定它的位置。

设计意图：著名科学家杨振宁指出，优秀的学生倒不在于他优秀的成绩，而在于他优秀的思维。学生在一些经验的铺设之下，能够灵活运用经验，格子之外的位置也能确定。

（3）表示出一个点的位置，需要的条件。

谈话：不过，这些都不算什么，想不想挑战更难的？瞧，这儿有一个三角形ABC。（出示图9-3）你能用数对表示出三角形三个顶点的位置吗？

4幅图的变迁，学生很直观地感受到要表示一个点的位置需要什么，同时感知到哪怕是同一个点，在不同的方格图上，也可能用不同的数对来表示。

不给你行数和列数，你能根据前面的规则找出相应的数对吗？

认知升华：

（师出示图9-4，生思考）

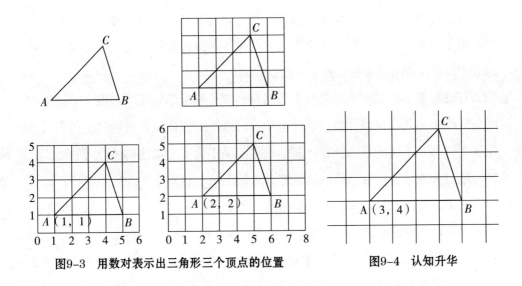

图9-3　用数对表示出三角形三个顶点的位置　　　　图9-4　认知升华

（六）总结课堂，思维继续

师：今天这节课，我们一起研究了用数对确定位置。通过今天的学习，你觉得确定一个点的位置，需要几个数？

（出示排队图片）小明排在第2个，谁是小明？（出示不完整的数轴）第4个，这点在哪儿？这两幅图里只有一行，所以要确定点的位置，只需要一个数就行了。而今天学的不光是一行或一列了，而是有几行几列，我们先要确定它在第几列，然后再确定它在第几行，所以需要用两个数。既然确定位置，有时需要一个数，有时需要两个数，那么＿＿＿＿＿＿＿＿＿。

设计意图：练习的形式活泼有趣，富有开放性和人文性，既拓宽了学生的知识面，又能让学生体会到数对确定位置的方法的应用价值。在活跃课堂气氛的同时，更有效地用数对确定位置这一新知识。一节数学课虽然结束了，但学生的思维没有终止，经验更待迸发。

【教学评析】

"确定位置"这节课是苏教版四年级下册第八单元的内容，这一单元主要是让学生能够理解什么是列和行，知道确定第几列、第几行的规则；初步理解数对的含义，会用数对表示平面上点的位置（限正整数）。

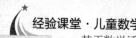

  在此之前，学生已经会用语言文字描述自己在教室中的位置，在日常生活中积累了用类似"第几排第几个"的方式描述物体位置的方法。数对的学习将为学生以后学习直角坐标系打下基础。

  有效的数学教学应该基于学生的已有经验。唤醒学生原有知识，了解学生的生活经验和已有知识背景，是学生学习的基础。因此我在教学时，首先通过让学生自己来描述班长的位置，激活学生头脑中已有的描述物体位置的经验，然后通过交流评价，自己认识到这些方法的不足，引发学生产生用统一、简明的方式来确定位置的需求，体会学习新知的必要性。"数对"这一数学知识对于学生来说比较抽象，为了解决这一问题，我注意了以下几点：

  （1）本节课的教学先让学生看情境图，说出班长的位置，唤起了学生对已有的用"第几组第几个"或"第几排第几个"的知识来确定位置的经验，帮助学生找到新旧知识的连接点。

  （2）一句"既然已经学过用第几组第几个就能确定一个人的位置，那今天这节课咱们还学什么呢"，逼着学生自己去创造属于自己的知识，提升学生的发现探索创造的经验。

  （3）通过多种形式的练习，既激发了学生学习的兴趣，又提高了学生的能力。首先是结合学生在教室中的位置，通过做游戏，说位置等多种形式，使学生进一步巩固了对行、列和数对含义的认识。$(4, x)$中 x 可以是1、2、3……这样的数都可以，这也是生活经验与数学经验的有机结合。最后让学生结合生活实际用数对来确定平面公园的位置，难度不断提升，提高了学生实践创新的能力，生活经验在这里得到了淋漓尽致的发挥。

第二节　多彩的分数条

【教学内容】

苏教版小学数学三年级上册P96～97《多彩的分数条》。

【教学分析】

1. 内容分析

这节课是在学生学习了分数的意义以及简单分数加减法的基础上进行的一节数学实践活动课。活动准备阶段，让学生把直条平均分成2份、4份、8份、16份，动手剪下其中每一份，再通过课堂中的"抢1""清0"游戏环节，引导学生在玩中学，趣中练，乐中长知识，在多次换数游戏中感悟分数的联系及大小关系。直观的数学游戏帮助学生理解掌握分数意义，引导学生由具体形象思维向抽象思维过渡，积累操作活动经验的同时提升思维活动的经验。

2. 学情分析

三年级已经初步认识分数，对于分数的意义学生已经知道，是把一个物体平均分成几份，取其中的几份就是这个整体的几分之一。在前面的学习中学生对于1和几分之一、几分之一和几分之一的关系有了一定的认识，但不够深刻。学生对分数的大小也已经有了初步的感知，会进行简单的分数加减法的计算。本节课通过"抢1"游戏和"清0"游戏，在等量替换的过程中加深理解分数意义，在游戏中提升对分数大小的判断力，积累数学活动经验的同时丰富解决问题的经验，体验成功的乐趣。

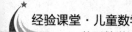

【教学目标】

1. 使学生在用表示不同分数的彩条铺满"1"（抢1）以及从"1"里面逐次拿走表示不同分数的彩条（清0）的活动中，进一步感受几分之一与几分之几、几分之几与"1"的内在联系，丰富并加深对分数的认识。

2. 使学生在抛正方体选择分数，根据分数选择彩条，以及根据需要将彩条进行等量替换的过程中，初步感受事件的随机性，逐步增强对分数大小的判断力，积累数学活动经验的同时丰富解决问题的经验，锻炼思维的灵活性。

3. 使学生在制作彩条、合作游戏的活动中，感受数学学习的丰富与多样，体验获得成功的乐趣，增强对数学的好奇心和求知欲。

【教学过程】

（一）谈话交流，激发兴趣

1. 激趣导入

谈话：你喜欢上数学课吗？平时咱们上数学课都干些什么呀？是不是都得用笔写一写、画一画、算一算。

激趣：今天的数学课，我们来点更有趣的，玩一玩数学，你有兴趣加入吗？

2. 介绍学具

（1）学具一：小正方体。

谈话：玩之前老师先来介绍一下我们今天需要用到的学具。

介绍：瞧！这是什么呀？（课件出示正方体）

说明：这个骰子和我们平时见到的小正方体还不一样，它的6个面上有3种不同的分数，分别是：两个 $\frac{1}{4}$、两个 $\frac{1}{8}$、两个 $\frac{1}{16}$。

示范：同学们仔细瞧，骰子就在杯子中，等会儿在游戏中手像这样拿住杯子，上下摇晃杯子3到4次后，将杯子放在桌面上，观察朝上的面是哪个分数。

操作：看仔细了吗？想试试吗？同桌两人轮流像这样掷一次，看看，你掷到的是哪个分数。

请同学们轻轻地把杯子放在桌子中间，待会儿游戏时再用。

（2）学具二：分数条。

谈话：游戏时还需要用的另一个学具：桌上的彩条。

观察：这些彩条已经放在同学们的桌上了。老师知道你们事先也做了彩条，看一看，你们做的彩条和老师做的一样吗？

提问：能说说你是怎么做的吗？

谈话：大家剪的直条较软，为了方便游戏，等会儿就用老师提供的直条好吗？那我们现在把你们自己带来的直条轻轻地放到抽屉里。

过渡：现在你们准备好跟着老师一起来玩数学了吗？那我们开始上课。

设计意图：通过谈话，让学生感受本节数学课与以往数学课的不一样，激发学生学习热情。再通过两种学具介绍，观察小正方体上面的分数和分数条，为接下来的游戏环节做好铺垫，扫清障碍。

（二）引出分数，比较关系

1. 贴直条

今天我们一起来玩一玩"多彩的分数条"（揭题），老师这儿有一根直条，把它粘在黑板上。如果把这根直条用"1"这个数表示，接下来老师轻轻地拿下同样长的1来。

仔细观察，如果把这根直条对折1次，想一想平均分成了几份？其中的一份长度可以用哪个数表示？老师把这样1份的长度涂上红色，粘在黑板上。对折两次，平均分成了几份？其中的一份长度可以用哪个数表示？对折三次、四次呢？

2. 观察

1里面分别有几个 $\frac{1}{2}$、$\frac{1}{4}$、$\frac{1}{8}$、$\frac{1}{16}$；$\frac{1}{2}$ 里面分别有几个 $\frac{1}{4}$、$\frac{1}{8}$、$\frac{1}{16}$。

同桌互说：你还知道几分之一里面有几个几分之一？

表扬：同学们观察得真仔细，找出了这么多分数的小秘密，真棒！

过渡：接下来就让我们一起进入最激动人心的游戏环节。第一个游戏的名字叫作"抢1"游戏。

设计意图：教师借助纸条让学生观察 $\frac{1}{2}$、$\frac{1}{4}$、$\frac{1}{8}$、$\frac{1}{16}$ 的产生过程，在进一步抽象中感受"1"与这些分数的联系以及分数与分数之间的联系，这样的设计

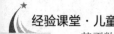

一方面为接下来的游戏中等量代换、综合替换降低难度，为后面游戏顺利进行做好铺垫；另一方面学生在交流发现中加深了对分数的认识，发展学生的数感。

（三）游戏感悟，体验成功

1．"抢1"游戏

（1）过渡：想玩吗？那我们一起来了解一下游戏规则。（微视频）

比如，最后一次我掷出了 $\frac{1}{4}$，铺不下。这次掷出的无效，等下次再继续掷，直到正好铺满"1"为止。

公平：对于这个游戏规则，你们看懂了吗？有没有意见？没有意见，我们就要遵守规则。

要求：同桌两人像这样玩一次。当其中一个同学正好铺满"1"，游戏结束。这时，放下手中的学具，保留你铺出的分数条，向老师示意。

激趣：准备好了吗？开始！

（2）一次后交流。

①交流一：成功的三个资源。

（收集三个获胜资源，要求铺满1的次数不同）同步呈现。

表扬一下获胜方：在这一次"抢1"游戏中，成功铺满"1"的同学请你高举小手。

评价：恭喜你们取得了第一次的胜利。

第一层次：多种方法。

交流：老师收集了这一次获胜的三位同学的分数条，他们顺利地铺满了"1"。分别请他们说说各是用"几个几分之一铺满了'1'"。

小结：看来，要铺成"1"有许多种不同的方法。

思维完善：你铺的和他们相同吗？把你铺的说给同桌听一听。

第二层次：谁先赢了。

提问：假如黑板上的这三位同学在比赛，而且他们每次掷出的分数都是有效的，你们觉得谁先赢了？

追问：你们是怎么知道的？

小结：看来，谁掷的次数越少，铺满"1"就越快。

第三层次：最想掷到几。

提问：如果你想赢，每次掷的时候最想掷到几？

肯定：是啊，因为在这3个分数中$\frac{1}{4}$最大。

② 交流二：半成品，逐个呈现。

过渡：老师这里还有两个没有获胜的同学。

第一层次：差$\frac{1}{4}$。

提问：这位同学没有获胜，还要多少就能铺满"1"？

追问：如果继续玩下去，怎样可以铺满"1"？先请同学们自己想一想，待会儿我请同学上台当老师，边铺边说，比比谁的办法多？

（请1～2位同学当老师边摆边说。）

预设：1个$\frac{1}{4}$、2个$\frac{1}{8}$、4个$\frac{1}{16}$、1个$\frac{1}{8}$、2个$\frac{1}{16}$……

追问：比较一下这些直条的长度，你们发现了什么？1个$\frac{1}{4}$=2个$\frac{1}{8}$=4个$\frac{1}{16}$=1个$\frac{1}{8}$+2个$\frac{1}{16}$，因为长度相等，所以1个$\frac{1}{4}$、2个$\frac{1}{8}$和4个$\frac{1}{16}$都正好可以将剩下的$\frac{1}{4}$铺满。

第二层次：差$\frac{3}{16}$。

提问：这位同学，还要多少就能铺满"1"？如果看不出来，那么请你们估一估它比几分之一长比几分之一短？可以试着怎样铺？为了提高成功率，我们可以试着用最小的$\frac{1}{16}$来铺。还可以怎样铺？

预设：1个$\frac{1}{8}$和1个$\frac{1}{16}$或3个$\frac{1}{16}$。

小结：看来，要想铺满"1"有不同的方法，我们在游戏时要一边铺一边想。

（3）继续玩1次。

激趣：还想不想玩？那么就再玩一次吧。

（4）回顾交流。

交流：你们玩得开心吗？你们有什么体会？

预设：掷出的 $\frac{1}{4}$ 越多，越容易赢；最后想掷到 $\frac{1}{16}$，却掷到 $\frac{1}{8}$；我们在游戏时一边铺一边想可以节约时间，多玩几次。

设计意图： "抢1"游戏，将学生置身于一个开放的问题情境中，游戏过程会出现很多无法预知的情况，需要学生自己与同桌合作解决问题，锻炼思维的灵活性，为以后探索异分母分数加减计算方法积累数学活动经验。通过呈现三个成功的不同资源，让学生感悟到铺满"1"的方法是多种多样的，再通过追问让学生感受到不同分数的多种替换方法。

2. 清"0"游戏

过渡：刚才我们在玩"抢1"游戏时都是用 $\frac{1}{4}$、$\frac{1}{8}$、$\frac{1}{16}$ 铺满"1"。

提问：如果用 $\frac{1}{2}$ 的彩条来铺，要几个 $\frac{1}{2}$？

说明：接下来我们就用两个 $\frac{1}{2}$ 铺成的直条来玩一个游戏，名字叫作"清0"游戏。

（1）出示规则。

（微视频）

（2）提问。

$\frac{1}{8}$ 应该怎样拿呢？同学们你们有办法吗？动手试一试。

你是先把 $\frac{1}{2}$ 替换成与它大小相等的更小的分数条，再拿走 $\frac{1}{8}$，真聪明，给了我们很大的启发。

同桌交流：$\frac{1}{8}$ 还可以怎样拿呢？（先把 $\frac{1}{2}$ 替换成……，再拿走……）你能边说边拿吗？

请同学上台当小老师边说边拿，看看他能想到几种方法？如果不全面下面的同学可以补充。

（3）交流。

预设：4个$\frac{1}{8}$、8个$\frac{1}{16}$、1个$\frac{1}{4}$和2个$\frac{1}{8}$、1个$\frac{1}{4}$和4个$\frac{1}{16}$、1个$\frac{1}{4}$和1个$\frac{1}{8}$和2个$\frac{1}{16}$。

……

小结：没想到要想拿走$\frac{1}{8}$还可以有这么多不同的方法。

（4）游戏。

激趣：接下来你们想动手玩一玩"清0"游戏吗？

要求：一边玩游戏，一边想一想，我掷出的分数可以怎样拿？还有其他方法吗？

（5）回顾交流。

交流：通过刚才的游戏，你们有什么发现？

小结：要拿走分数的方法是多种多样的。

设计意图：玩"清0"游戏，要把一个较大的分数换成若干个较小的分数，才能拿走相应的分数条，在游戏过程中又有可能需要把若干个小的分数组合成一个较大的分数。学生必需根据分数之间的关系灵活合理地进行替换，这也是本节课的教学难题。教学设计先用视频进行游戏的示范，让学生初步感悟游戏的方法与规则，积累"清0"游戏初步的活动经验，接着研究拿走$\frac{1}{8}$的方法，提升思维活动经验让学生感悟方法的多样性。学生的思维碰撞在这些换数活动中进行，数感也随之得到发展。

（四）回顾反思，拓展延伸

总结：同学们，今天你们玩得开心吗？我们玩了什么？

小结："多彩"不仅仅是分数条颜色的多彩，而且玩的方法也是多种多样的，我们的数学游戏是丰富多彩的。其实数学游戏还有很多，你们想看看吗？（视频播放更多的数学游戏）

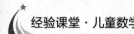

这些游戏都需要同学们开动脑筋去观察去发现，以后让我们一起去玩这些数学游戏吧！

设计意图："千金难买回头看"，通过总结整节课的知识与收获，将简单的数学活动课充满了数学味道，通过播放更多数学游戏的视频，激发学生玩数学游戏的兴趣，从而拓展延伸到新的探索活动中去。

【教学评析】

本节数学实践活动课的教学设计注重了以下两点：

1. 重视学生数学活动经验的积累

本节课的教学设计给予学生充分游戏活动的时间和空间，让学生在数学学习活动中体验数学、感悟数学、积累数学活动经验。通过"抢1"游戏和"清0"游戏，在等量替换的过程中加深对分数意义理解以及对分数大小的判断力，积累数学行为操作活动经验的同时丰富数学解决问题的经验，体验成功的乐趣。

2. 重视学生数感的培养

数感是一个人的基本数学素养。《数学课程标准》强调要让学生在数学学习中培养良好的数感，而学生的数感不是通过传授得到培养的，而是建立在感悟基础之上的，是在具体情境中通过数学活动让学生逐步感受和体验得到的。

本节课的教学设计首先引入分数，引导观察 $\frac{1}{2}$、$\frac{1}{4}$、$\frac{1}{8}$、$\frac{1}{16}$ 产生过程与1的联系以及分数与分数的联系，初步感悟这些分数的大小关系。接着通过"抢1"和"清0"游戏进一步感悟分数的联系与大小关系。"抢1"中感受1的多种铺法，差 $\frac{1}{4}$、差 $\frac{3}{16}$ 的多种玩法，"清0"游戏中把一个较大的分数换成若干个较小的分数以及把若干个小的分数组合成一个较大的分数的不同方法，学生在这些换数活动中对分数的大小关系逐渐得到感悟、体验与生长，数感也随之得到发展。

第三节 和与积的奇偶性

【教学内容】

苏教版小学数学五年级下册第三单元实践活动。

【教学分析】

1. 内容分析

学生进行过大量的整数加法计算和乘法计算，却很少会去注意加法的和、乘法的积是奇数还是偶数。因为教学计算的时候，精力集中在算理与算法上，要理解并掌握计算法则，要正确并顺利地算出得数，还要利用计算解决实际问题。由于这些任务，一般不会对计算的得数做进一步的研究。况且在教学整数四则计算的时候，学生还没有奇数、偶数的概念，不可能去关注和与积的奇偶性。现在，整数知识的教学已经全部完成，学生较好地掌握了整数的运算，也建立了奇数和偶数的概念，有条件研究整数加法的和、整数乘法的积，探索其中的奇偶性规律。

2. 学情分析

学生已经认识了奇数和偶数的定义，知道什么是奇数、什么是偶数。前面几册教科书里的探索规律，大多数是研究现实生活里的现象，如间隔现象、周期现象等。这次探索整数加法和乘法中的规律，直接研究数学现象，在内容上与过去不大相同。这点变化能引发学生的兴趣，调动他们的积极性与能动性。

【教学目标】

1. 学生经历探索和与积的奇偶性的过程，发现并理解和与积的奇偶性的规律，能判断加法和乘法的得数是奇数还是偶数，并能说明理由。

2. 学生通过举例、观察、比较与猜想、验证，发现和与积的奇偶性，积累探索规律的经验，发展观察、比较、归纳等能力。

3. 学生主动参与探索规律的活动，体会数学内容是有规律的，获得成功的体验。

【教学过程】

（一）游戏引入

（1）谈话：老师一次在跳蚤市场中看到了这样一个抽奖游戏。游戏规则：掷骰子，按掷到的数加两次（如：掷到5就计算5+5），得到的和是几，下面所对应数的奖金就归你。你们想不想试试自己手气怎么样？谁来试一试？

找三位同学，掷骰子，发现都是"谢谢"。

追问：是他们的手气都不好吗？（有同学提出质疑）你观察得真仔细！

（2）提问：你们能说说奇数和偶数各有什么特点吗？（学生自主交流，明确什么是奇数、什么是偶数）

（二）探索新知

1. 探索两个加数和的奇偶性

（1）提问：你们能不计算，直接说出1+3+5+7+9+11……+29的和是奇数还是偶数吗？

（指名猜一猜，说说原因）

谈话：其实像这样的关于和是奇数还是偶数的问题，我们称它为"和的奇偶性"。（相机板书）这道题目里面加数比较多，还都是奇数，看起来比较复杂。为了方便研究，我们可以怎么样？（相机板书：从简单入手）

（2）谈话：那么两个加数和的奇偶性有什么样的规律呢？请一位同学读一读探究要求。

给学生适当的时间探索，教师给予适当的帮助。引导观察和是奇数时，加数有什么特点？和是偶数时，加数有什么特点？

（3）全班交流：你们有什么发现？

发现一：奇数+奇数=偶数。

你们能举几个例子吗？还有谁能举不一样的例子？像这样的例子还有多少？

发现二：奇数+偶数=奇数。

你们能举几个例子吗？还有谁能举不一样的例子？像这样的例子还有多少？

发现三：偶数+偶数=偶数。

你们能举几个例子吗？还有谁能举不一样的例子？像这样的例子还有多少？

（4）提问：既然大家有了这样的发现，刚刚也举了大量的例子验证了。谁能说一说，为什么奇数+奇数=偶数、奇数+偶数=奇数呢？（交流完善）

（5）巩固练习：

① 口答：既然已经发现了两个加数和的奇偶性规律，那么你们能不能不计算，说说和是奇数还是偶数，并且说明理由呢？（涉及三位数+一位数、整百数+整千数，感受规律的一般性）

② 判断：这样的规律不仅在计算中存在，在生活中也一样存在。不信你们看这个判断题：数学书左右两边页码的和是奇数，你们认为正确吗？为什么？

③ 判断：既然如此，老师有了这样一个猜测，你们认为正确吗？为什么？

学生一起读一读结论。

2. 探索几个加数和的奇偶性

（1）谈话：对于两个加数和的奇偶性我们已经研究得差不多了，那么3个、4个、5个或多个加数，又有什么规律呢？请男生大声朗读要求。

学生独立完成表格，同桌互相猜一猜和的奇偶性，说明猜测的理由。

（2）全班交流：指名展示交流，说说猜测的理由。

预设一：两个两个的判断奇偶性。

预设二：找几个奇数，每两个奇数加起来就变成偶数。

（3）提问：判断多个加数的奇偶性有没有什么比较方便的方法呢？请女生大声朗读要求。

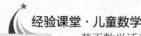

全班交流：只要有奇数个奇数，和就是奇数；有偶数个奇数，和就是偶数。

提问：看看之前研究的两个加数和的奇偶性符合我们的发现吗？

追问：现在判断几个加数和的奇偶性只要看什么？

（4）回顾解题：回到一开始的题目：1+3+5+7+9+11……+29你会算了吗？找什么？

（5）回顾反思：现在回顾一下，探索几个加数和的奇偶性规律，我们经历了哪些过程？

（相机板书：举出例子、观察比较、提出猜想、探索验证、归纳规律）

3. 探索积的奇偶性

（1）提问：和的奇偶性我们探索得差不多了，那么几个数相乘，积的奇偶性又有什么样的规律呢？请同学们基于前面的经验，自己寻找探究的方法，并与同学交流。

当学生出现问题（自己举的例子全是偶数，看不出来规律）时，提醒他们借助团队的力量，四人一小组把例子合起来寻找规律。（团结力量大）

（2）全班交流：你们有什么发现？

预设：可能有同学发现两个乘数、3个乘数的特征，则鼓励有没有统一的适用多个乘数的规律？

小结：只要乘数中有偶数，积就是偶数。

（三）全课总结

谈话：通过本节课的学习，同学们学到了哪些知识？从学习的过程中，你们学会了什么方法？

交流过程中注意：鼓励方法的积累。

（四）拓展延伸

（1）前后呼应：同学们，回到课前的游戏，现在你们还觉得是刚刚的三位同学运气不太好吗？为什么？

（2）谈话：学以致用，我们学习数学就是为了解决生活中的一些问题，比如：99个苹果4个小朋友分，若每个小朋友都分得奇数个苹果，能分吗？为什么？你能利用今天的知识来解释吗？

【教学评析】

什么叫经验？什么叫数学？时而模糊，时而清晰，然后又峰回路转，似明白又似不明白。经验首先要经历过程，没有过程就没有根基，经验更是一种结果，经验的发展是思维，最终形成一种思维模式。

本节课是在学生已经学完了整数部分的知识后进行的教学。从探索两个数和的奇偶性、几个数和的奇偶性、几个数积的奇偶性与总结回顾四个阶段展开教学，从"五动课堂"的角度，先通过学生自己举例，在计算中产生猜想，经历动手操作和动脑思考，接着通过观察自己、同桌、组员的例子，对比中动眼观察，发现计算规律，不断倾听同学的思考、展示学生的方法，学生在动耳倾听中交流归纳规律，动嘴说理中不断完善思维。学生在丰富的活动中思维品质得到提升，同时积累了探究计算规律的活动经验。关注思维活动经验的广度、深度、敏捷性、灵活性、流畅性五个维度，做到内部语言转化为外部语言，让思维达到质的飞跃。

第四节　平均数的再认识

【教学内容】

苏教版小学数学四年级上册第四单元《平均数》。

【教学分析】

1. 内容分析

平均数作为一种统计量，经常用来代表一组数据的整体情况，进而进行相关数据的描述或不同组别在某些方面的比较，因而在生活中有着广泛的运用。实际生活中平均数问题在其计算、意义的代表性等方面有着较大的变化，直接影响学生对平均数本质意义的把握。本节课教学基于实际生活中平均数问题的复杂性，在"总数量÷总份数=平均数"的知识基础上，探索确定基准数求平均数的方法，在对数据的分析、比较中体验平均数的易变性，从而帮助学生进一步积累灵活计算平均数、科学合理分析数据的经验，增强学生的数据分析能力，深入感受平均数的特点。

2. 学情分析

学生在前期的学习中，对平均数的意义、计算及结合平均数对数据进行简单的分析和比较有了一定的认识，积累了相关知识经验。本节课的教学，主要引导学生在问题的探索中理解确定基准数求平均数的方法，在比较中感受这种方法的简便性，在运用中感悟求平均数方法的多样化，在数据的分析比较中体验平均数的易变性，提高学生的分析能力。

【教学目标】

1. 进一步认识平均数的意义，理解通过基准数求平均数据的方法，在运用中灵活计算平均数。

2. 结合实际问题，对平均数进行分析、比较，感受平均数易变性，发展学生的数据分析观念。

3. 在学习过程中积累操作、分析、思维等数学活动经验，感受数形结合、模型、合情推理等数学思想方法。

【教学过程】

（一）情境交流，激发兴趣

播放"奔跑吧兄弟"视频片段：今天我们将在跑男团参与的比赛中进一步研究平均数的问题，板书课题。

设计意图：兴趣是最好的老师。通过创设学生熟悉的情境，点燃学生学习的热情，为后续的主动学习注入动力。

（二）复习旧知，唤醒经验

（1）师：第一场比赛是以邓超为队长的跑男团正在与红队（专业足球队员）进行一场点球大赛，比赛还在进行中（播放视频），你们想知道谁赢了吗？

一起来看以下两张统计图（如图9-5与图9-6所示）。

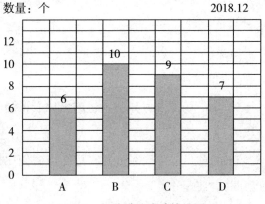

图9-5　红队进球成绩统计图

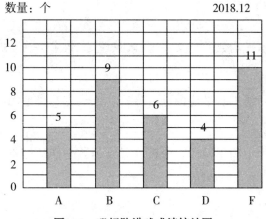

图9-6　邓超队进球成绩统计图

师：你们觉得我们怎样比较两队的水平高低？（求平均数）

明确：平均数可以代表一组数据的整体水平。

（2）师：先看红队进球情况，你们能估一估红队平均每人可能会进球多少个吗？邓超队呢？

（3）师：现在请用你们喜欢的方法找出红队、邓超队平均每人各进球多少个。〔在作业单（1）上完成〕

师收集学生作品并组织交流。

（4）通过刚才比较，哪个队的水平比较高？

设计意图：《数学课程标准》指出：数学教学活动必须建立在学生的认知发展水平和已有的知识经验基础之上。由两队水平的高低比较引出平均数，进而围绕平均数的相关知识，引导学生回顾平均数的意义、估算、计算方法等知识，促使学生已有的知识经验有效回归，为新课学习做好铺垫。

（三）探索交流，理解新知

（1）师：进行完了第一场比赛，导演组将跑男分成了两队，一队仍然以邓超为队长，另一队以有"大黑牛"之称的李晨为队长，每队五位队员。他们两队将要进行一场PK，PK的项目是障碍跳远赛。想知道他们比赛的情况吗？先看邓超队跳远情况（如图9-7所示）。

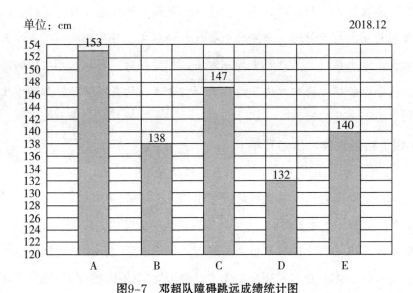

图9-7 邓超队障碍跳远成绩统计图

师：你们能算出平均每人的跳远成绩是多少厘米吗？先看要求，请学生读一读。提醒学生：想一想，怎样算简便。在作业单（2）上完成。

（2）收集学生资源，分层展示交流，重点讨论确定基准数来求平均数的方法。

① 师：第一位同学计算的结果是142厘米，你们跟他们一样吗？一样的向老师点点头，请学生说说计算过程。

师：在计算平均数时，可以根据数据的特点灵活计算。

② 师：还有一位同学是这样算的，请大家把图和算式结合起来，同桌讨论算式中的每个数是怎么来的，分别表示什么意思？（此处学生可能会找一个基准数来计算）

比一比：两人用的方法有什么相同的地方？有什么不同的地方？

③ 教师小结，并结合课件直观演示思考过程。

设计意图： 学生在遇到计算平均数的实际问题时，一般会直接根据"总数量÷总份数=平均数"的方法来解决，但就总数量的计算缺乏一定的灵活性。通过有意识引导学生想一想，怎样算比较简便，引发学生主动观察、讨论、思考解决问题的新途径；在此基础上先呈现凑整算，帮助学生明确解决问题时要养成先观察数据特点的习惯，再巧妙计算；进而呈现找基准数计算的方法，学生结合图与算式展开讨论，明确每个数代表的意义。将几种找不同基准数方法进行比较，学生在找共性过程中提炼方法，积累经验。再找它们之间的不同，加深对找基础数据方法的感悟；最后教师结合课件的直观演示，帮助学生进一步建构方法，完善思维。

（四）拓展延伸，认知升华

（1）师：根据比赛规则，每组五位成员全部比完后，还需要通过抽签的方式抽取一位助阵嘉宾，并把他的成绩也纳入平均成绩中。看，邓超队抽取了谁？他在障碍赛中跳了250厘米。与其他五位队员成绩比，你们有什么感觉？

师：现在想一想，这时六位队员跳远的平均成绩与原来五位队员的平均数相比，有没有变化？变多了还是变少了，说说你们的想法？你们能算出邓超队平均每人跳远成绩吗？在作业单（3）上完成。

设计意图： 借助于统计图的呈现，有利于学生直观感受到这样一个大数据的加入会引起平均数的变化，并主动思考平均数是变多还是变少。引导学生计算此时六位队员的平均数，促使学生主动运用找基准数计算平均数的方法来解决，验证自己的猜想。

（2）（课件出示）：李晨队五位队员障碍跳远的平均成绩是144厘米（如图9-8），导演组又给他们队安排了一位队员并将他的跳远成绩纳入团体中，他的成绩是132厘米，这时李晨队跳远的平均成绩是多少厘米？

师：请同学们观察图9-8。想一想，此时李晨队六位队员跳远的平均成绩与原来五位队员的平均数相比，有没有变化？变多了还是变少了，为什么？你们能算出现在李晨队6人跳远的平均成绩吗？在作业单（4）上完成。

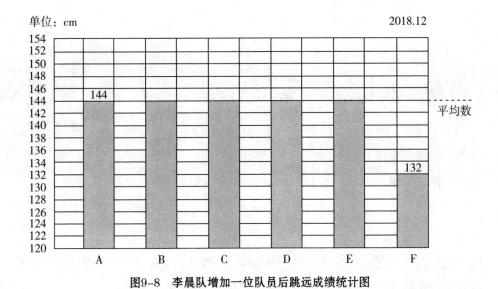

图9-8　李晨队增加一位队员后跳远成绩统计图

展示交流学生作业（学生可能会出现两种方法：一是先算六人的总数再均分；二是借助找基准数的知识经验，把132厘米看作基准，算出少的再补给）

（3）师：分别观察李晨队、邓超队原来五位队员跳远的平均成绩与增加一位队员后的平均成绩，你们有什么想说的？

设计意图：让学生再次计算李晨队六人平均成绩，有利于学生进一步巩固求平均数的方法。通过比较两队平均数的变化情况，可以让学生感受到平均数会随着一组数据中个别数据的变化而变化，体会平均数的易变性。

（4）师：如果就以这个成绩衡量两队水平，结果是邓超队胜了李晨队，你们认为这样的结果公平吗？

设计意图：生活中的比赛经验告诉学生：比赛需要公平合理。通过追问如果分别以六人平均成绩作为衡量两队水平的标准，引导学生讨论结果的合理性，丰富学生对平均数的感受。在此基础上引出对极端数据认识，让学生充分体验到在极端数据存在情况下再次用平均数来代表一组数据整体水平时的不合理性，加深对平均数的认识。

（五）总结课堂，加深体验

师：想一想，在这节课的学习中，你们有哪些收获？我们是怎样来学习的？

设计意图：学习不仅注重知识的掌握，更要注重学习方法的获得。通过引导学生回顾、反思学习的过程，可以进一步促使学生修正、弥补已有知识结构的不足，加深在探索、讨论、交流等各种学习过程中感悟、提升学习经验。

【教学评析】

"平均数"这节课是苏教版四年级上册第四单元的内容，这一单元主要是让学生能够理解平均数的意义、平均数的计算及应用平均数对实际问题作出合理的分析、解释。

学生在学习了此部分内容后，遇到平均数的实际问题时，基本都能根据求平均数的数量关系来解决，但就其计算而言，方法单一，错误百出。同时就比较之类的数学问题，基本会选用平均数进行分析、比较，但不能准确思考用平均数来比较时的合理性，对平均数意义的认识还缺乏深入的感受。

为弥补学生在平均数问题上的认知经验与实际生活问题的不合拍，重新对教材练习进行了设计与整合：

（1）对一组数中的各数重新设计（如邓超队跳远成绩），引导学生先想想怎样计算比较简便，促使学生凑整算、探索创造新方法算，在探索、尝试中初步积累方法。

（2）找基准数来计算平均数需要更高层次的思维参与。为让学生能够理解这种方法，引导学生在条形统计图上画一画，并将算式与图形结合去讨论、交流，逐层递进。在不同方法的比较中归纳共性，提炼方法，学生在互相说一说中积累思维经验。

（3）为让学生能更好运用找基准数来计算平均数的方法，巧妙设计练习：通过两位不同助阵嘉宾成绩的加入，让学生主动联系前期的学习经验来计算六人的平均成绩，并借助于直观演示让学生对于找基准数来计算平均数的方法更好地进行认知和建构。

（4）最后让学生结合两组比赛情况，分析当两队分别增加一人后平均数的变化情况，体会平均数的易变性，从而对平均数意义的认识更深一层。

平均数在生活中广泛运用，学生要灵活解决生活中的平均数问题，更好地利用平均数知识来分析数据，就必须积累丰富的解决平均数问题的经验。

附　录

江苏省规划办十一五课题"小学生基本数学活动经验积累的教学实践研究"报告

一、基本情况

课题名称：小学生基本数学活动经验积累的教学实践研究

课题类别：省规划办十二五立项课题

课题批准号：D/2011/02/254

课题主持人：杨国华（常州市金坛区金城镇中心小学）

核心组成员：袁爱华　周月霞　杨晔　陈玲芳　尹美霞　田莉

研究周期：2011年11月—2014年10

结题时间：2014年10月

二、主要内容

1. 研究价值

《义务教育数学课程标准（2011年版）》从课程目标上对数学活动经验提出了明确要求，但综观我国目前对"数学活动经验"的研究现状，绝大部分还是针对数学活动经验的内涵进行个人阐释的情况较多，在对学生基本数学活动经验积累的教学实践研究方面还非常薄弱。因此，从理论和实践层面对学生数学活动经验内涵及教学策略等问题展开研究，不仅有助于充实"数学活动经验"的基本理论，而且有助于为深化基础教育数学课程改革服务。当然，更主要的是能加深学生对数学的有效理解，可以让学生积累基本的数学活动经验，能潜移默化地提升学生的数学素养。

2. 研究目标与内容

（1）研究目标。

① 通过本课题的研究，能让教师进一步熟悉当前的数学教材体系，在教学设计与实施过程中能充分彰显以学生为本的教学思想，不断探究让学生积累基本数学活动经验的教学策略，提升学生的数学素养。

② 以现行数学教材中的数学活动为载体，开展以积累学生基本数学活动经验为目的的校本课程开发研究，同时编写本校特色的数学兴趣与体验课程《数学阅读与拓展体验》。

③ 通过本课题的引领，浸润研训，促进教师学会思辨，催生智慧教师。

（2）研究内容。基于当前国标本苏教版小学数学教材中"空间与图形"与"综合与实践"这两大领域开展关于"小学生基本数学活动经验积累的教学实践研究"，具体研究内容（子课题）与重点如下：

① 在"综合与实践"领域基于学生数学活动经验积累的教材研读研究。

② 在"综合与实践"领域学生基本数学活动经验积累的课堂教学模式研究。

③ 在"综合与实践"领域学生基本数学活动经验积累的教学策略研究。

④ 在"图形与几何"领域基于学生数学活动经验积累的教材研读研究。

⑤ 在"图形与几何"领域学生基本数学活动经验积累的课堂教学模式研究。

⑥ 在"图形与几何"领域学生基本数学活动经验积累的教学策略研究。

⑦ 基于学生数学活动经验积累的校本课程开发研究。

⑧ 基于学生数学活动经验积累的数学社团活动研究。

3. 研究基本思路与策略

（1）研究基本思路。本课题在研究中期评估前对"综合与实践"领域的相关研究目标予以重点研究，在中期评估之后利用已有的研究经验重点对"空间与图形"领域的相关研究目标予以重点研究。当然，在研究"空间与图形"领域内容时我们还对"综合与实践"领域的研究成果进行完善并予以推广。在整个研究周期内，我们在"综合与实践"领域的教学思想引导下逐步开发出适合本校学生发展的《数学体验与拓展课程》，并进行教学实践研究。同时，我们也在"综合与实践"领域教学思想的指导下，成立"学校数学社团活动组织"，有效开展每年一度的"数学文化节"活动，探讨开展各类形式多样、内容丰富的数学活动，以不断丰富学生的数学活动经验。

（2）研究基本策略。把我们的行动拿出来研究，把我们的研究付诸行动，并结合文献研究法和案例研究法进行了相关研究。

三、实践举措

1. 注重学习，丰润专业素养

从研究初期始，我们就非常重视课题组成员的理论学习，目的就是要让每一位参与研究者不仅要在实践中锻炼自己，更要在反思中提升自己。"课题组"近三年来为所有成员征订了由中国人民大学主办的报刊复印资料《小学数学教与学》，人手一本。在学理论的基础上，为更好地分享各位成员理论学习的成果，我们创建了理论学习讲坛的平台。通过理论学习，成员们对"如何从学生数学基本活动经验积累视角研读教材""数学学习中的直接经验和间接经验"等话题有了自己的观点和主张。学习的途径是多样的，我们不仅重视理论学习，也重视向名师学习，尤其是学名师的教学思想。我们曾组织成员先后五次参加省级以上高层次的教学研讨与观摩活动，每一次学习后，成员们都能自觉反思，尤其是能从"基于学生数学活动经验积累"的层面进行思考，撰写学习体会。

2. 立足课堂，开展专题研讨

近三年来，我们紧紧围绕课堂进行教学实践研究，先后围绕"基于经验积累的数学活动课模型建构；在概念建构中探寻'数学活动经验积累'的策略"等话题开展了25次课堂教学专题研究，共开设研究课55节。

每一次研究课，我们都精心围绕主题彰显研究思想。课只是我们研究的载体，每一次研究课结束后，成员们都认真反思。首先是执教者自己阐述是如何体现研究主题的；其次，每一位听课者（即参与研究者）再从研究主题视角进行互动评议，且人人填写"课堂观察记录分析表"，如表1所示：

表1　课堂观察记录分析表

执教者		学校		班级		时间	
研究内容					分析者		
积累基本数学活动经验的重要（典型）教学环节摘要							
你认为以上教学环节主要为学生积累（或提升）了哪些数学活动经验？							
对以上教学环节，请从"学生基本数学活动经验积累"的教学模式、教学策略的构建等视角谈谈自己的观点							

　　当然，每次互动评议结束并不意味研究活动结束，而恰恰表示执教者再度思考的启航，他们均要根据执教的实际和评议情况对研究课进行深度反思，精心整理并填写"项目研究表"，具体如表2所示：

表2　项目研究表

研究内容		设计及执教者		执教时间	____年级第____册
				页码：	
教学目标					
学生已有经验					
数学经验积累					
教学设计					
对积累与提升学生数学活动经验的教学反思					

3. 围绕问题，开展主题沙龙

　　在研究过程中，我们因"阅读"而分享，因"问题"而沙龙。全体课题组成员曾手捧华应龙老师编著的《如何做一个优秀的小学数学青年教师》一书分享了各自阅读的收获。我们也曾围绕"如何在课堂教学中积累学生的数学活动经验"等主题展开沙龙，在沙龙中成员们从宏观上阐述了数学活动经验的含义和分类，并结合案例总结积累数学操作经验、数学归纳经验和数学推广经验的

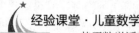

策略和方法。应该说每一次沙龙研讨，组员们的认识都有一次质的提升。

4. 立足校本，推进研究工作

"科研"一定要带动和促进校本教研质量的提升，这是"课题组"开展研究工作所希望看到的。近三年来，我校全体数学教师就一并参与了本课题的研究，在陈淑芳老师的带领下，大家一起开发出了校本教材《数学阅读与拓展体验》，为促使校本课程建设能达到预期的目标，每学期结束我们均进行"校本教材"教学的相关评价活动。在尹美霞老师的带领下，我们扎实有效地开展了"数学社团建立"方面的研究工作，推动了每个年级有计划地开展主题小报的编写活动等，并于2013、2014年成功举办了两届数学文化节活动，学生人人参与，在活动中分享着、收获着。当然，"课题组"的研究在市级范围内也起到了辐射作用，三年内课题组成员们把我们的"研究方式、研究内容、研究成果"也一并带到了所在学校，各成员所在学校也结合我们的研究开展了系列研讨。这应该说建立了课题研究活动与学校数学教学常态研究工作互相促进的有效机制。

5. 加强交流，辐射研究成果

在研究过程中，我们注重把研究成果进行适当的辐射。课题组曾两次与市小学数学李继锋名师工作室进行联动，两个不同研究视角的成员在一起进行交流碰撞。同时，我们还到句容、常州进行了主题交流活动。今年上半年课题组还面向常州市200多位数学骨干教师作了研究成果的推广工作，期间我们紧紧围绕"如何在课堂教学中积累学生的数学活动经验"这一主题展开了汇报。近三年来应兄弟学校的邀请，我们还到薛埠、尧塘、后阳、城西、殷雪梅等多所小学进行教学诊断与联合教学研讨活动，在交流中提升了组员们理性思考力，无形中也辐射了我们的研究成果。

四、理性认识

在研究过程中，我们基于经验视角对"如何处理教材、如何建构教学模型及教学策略"等方面进行了多次深度研讨，并形成了一定的理性思考。

1. 让教材与数学活动经验有效对接

面对静态的教材文本，教师该如何找到学生经验的生长点，以及为学生积累基本的数学活动经验提供哪些支撑和帮助？以下是我们在实践中的理性思考。

（1）把握教材知识脉络，帮助学生积累数学建构的经验。数学知识的教学，要注重知识的"生长点"与"延伸点"，把每堂课教学的知识置于整体知识的体系中，注重知识的结构和体系，处理好局部知识与整体知识的关系，引导学生感受数学的整体性，体会对于某些数学知识可以从不同的角度加以分析、从不同的层次进行理解。

（2）彰显教材操作活动，帮助学生积累数学研究的经验。教师的演示性实验和多媒体动画展示绝不能代替学生个体的动手操作经验，验证性操作不能替代探索性操作。操作活动在学生数学学习过程中具有不可替代的作用，因为操作活动符合儿童好动、好奇的心理特点，能让儿童多种感官参与探索活动，有助于儿童学会探索。儿童在操作活动中，易形成鲜明的具象，能加深对知识、概念的认识和理解。操作活动意在激起探索的兴趣，引发思考，发现规律，积累一些数学研究的经验，掌握数学知识，提升数学思考的能力。

（3）围绕教材关键问题，帮助学生积累数学思考的经验。学生学习数学是一个思考的过程。"思考"是学生学习数学认知过程的本质特点，是数学的本质特征。没有思考就没有真正的数学学习，有效地学习就是激励学生勤于思考，自主地思考。数学教学中要强化对数学思维的培养，提升学生数学思考的自觉性。在思维过程中开展活动而获得的经验，即思维操作经验，比如归纳的经验、类比的经验、证明的经验。学生学会了"数学地思考"，使自己的思维变得条理化、清晰化、精确化、概括化，而这便促进了学生数学素养的形成。

2. 基于"数学活动经验积累"的课堂教学模式建构

（1）基于经验视角的数学概念课教学模型建构。"图形与几何"领域的概念教学是一线教师经常遇到的一种课型，这一类课的内容一般是针对"定性把握和定量刻画的数学知识"而言，看似简单，实质上学生在建构概念时还是有相当难度的，往往暂时记住了概念，但不甚理解。如何让学生经历从经验到知识的过程，也就是经历数学化的过程，我以为当围绕"为什么学这些概念？

怎么学？学得怎样？"来建构我们的课堂教学，也即"图形与几何"领域的数学概念课教学应具有"基于经验—经由经验—发展经验—提升经验"的一般模型。通过这种模型教学，可以使学生更好地了解数学知识的来龙去脉，为师生提供一种思考、描述、处理、解决问题的模式，从而自然实现当前的三维目标。

（2）基于经验视角的"探索与实践"教学模型建构。在现行国标本苏教版小学数学教材中有专门的"探索与实践"教学板块，它主要是让学生综合运用所学相关知识解决实际问题，并在问题解决的过程中获得基本的数学活动经验，这种经验就是发现问题、提出问题，进而分析问题和解决问题的直接经验。由于它在教材中的篇幅甚少，一线教师往往易于忽视，为充分发挥它的教学价值，课题组基于经验视角对此板块进行了专题研讨，认为一般应遵循"在情境驱动中唤醒—在问题探索中积累—在实践应用中沉淀"的模型进行教学。数学"探索与实践"课一定要让学生在丰富的数学活动中体验，应该说只要让学生经历了特定的数学活动就能让学生积累相应的数学活动经验。

（3）基于"经验视角"，我们还特别关注了以下几种课堂教学模型的建构。

①在"预习—交流—应用"中，积累自主学习的经验。

②在"制作—欣赏—交流"中，积累操作转化（知识）的经验。

③在"大问题引领—操作—交流"中，让学生从"经历"走向"经验"。

上述教学模型的建构，只是基于"经验视角"对当前课堂教学的一种理性思考，并不是一成不变的，它更多体现的是我们的教学思想。

3. 让学生积累数学活动经验的教学策略

积累基本活动经验，形成比较完整的数学认识过程，构建比较全面的数学现实，对于帮助学生获得良好的数学教育，提升数学素养，具有重要的意义。以下是我们在研究中对帮助学生积累丰富的数学活动经验的一些教学策略。

（1）激发参与　唤醒经验。基本活动经验是个性化的，属于个体的，具有一定的内隐性，在教学中要唤醒学生的已有经验，教师一定要提供一个让学生人人都能参与的活动。这样的活动要能为学生提供良好的学习环境和问题情境。这样的活动要能为学生提供广阔的探索空间，促使学生积极参与，问题意识得到萌生。

（2）促进经历　走向经验。一个数学结论的获得、概念的揭示等并不能完全依赖于直觉，虽然伟大的发现总来自猜想，但更需要有艰辛的验证过程，而在经历验证的过程中学生会不自觉地收获比知识更重要的经验。同时，数学学习具有累积性，后一阶段的学习是建立在学生已有的知识和经验的基础之上的，是对前一阶段知识与经验的深化与发展。因此，数学活动经验重点在"积累"，教师不可"包办代替"，一定要让学生在数学学习活动中经历整个知识探究和形成的过程。

（3）引导反思　提升经验。在思维操作活动中获得的经验即思维操作的经验，就一个人的理性而言，思维过程也能积淀出一种经验，这种经验就属于思考的经验。一个数学活动经验相对丰富并且善于反思的学生，他的数学直觉必然会随着经验的积累而增强。在日常学习中，学生的数学活动经验是内隐的，不仅需要积累，更需要提升，而在应用中让学生学会理性思考、合理"反思"是提升"经验"的重要方式和手段。思考经验的获取是派生出思维模式和思维方法的重要渠道，这些成分对学生开展创新性活动具有十分重要的奠基作用。

五、成果与影响

1. 提升了学生的数学素养

通过本课题的研究，学生在课堂中能主动地去尝试、去体验，学生有体验就会有感悟、有思考、有话说；活动时敢于提出疑问，不愿意与别人的方法相同，总想另辟蹊径；平时善于观察身边的事物，会用数学的眼光看待身边的事物，会用类比、推理的方法去判断、去猜想。课外，学生在数学文化节等数学社团活动中，积极参与，踊跃表现，展现出了他们善于竞争的良好品质……学生在主动参与、积极思考，与人合作交流等活动中获得了学习数学的信心，体会到了数学的探索过程、数学与自然、社会和人类生活的联系，积累了丰富的数学活动经验，提升了数学素养。

2. 促进了教师的专业成长

在课题研究过程中，课题组成员们养成了教学反思的好习惯，每一位成员均能结合教学实际和课题研究的目标及时发现问题、研究问题，在近三年的研究过程中有40篇与课题研究相关的论文在省级刊物发表，有79篇相关研究论文获奖，有1人获市教学基本功比赛一等奖，6人获市教学基本功比赛二等奖，课题组成员组队参加"2014年常州市教师网络团队教研比赛"获二等奖。在研究的基础上，我们的部分研究成果获得了常州市第二届基础教育教学成果二等奖。三年来，成员中有80%的人员在"五级梯队"中相应提升了一级，另有两名成员在研究周期内被评上中学高级教师资格，有两人被评上小学高级教师资格。课题组长被评上了省特级教师、"省333工程"培养对象。

总之，在全体课题组成员的共同努力下，目前已带动了一大批教师在教学中主动关注着学生数学活动经验的积累，后期我们也将会进一步从学生积累数学活动经验的系统性角度继续开展实践研究，这必将使数学课程标准中的"四基"之"数学活动经验"在一线教师的课堂中"落地生根"。

江苏省规划办十二五 2015 年度重点资助课题
"基于'数学活动经验'的教学评价研究"报告

一、基本情况

课题名称：基于"数学活动经验"的教学评价研究

课题类别：省规划办十二五2015年度重点资助课题

课题批准号：B-a/2015/02/002

课题主持人：杨国华　王霞（常州市金坛区东城实验小学）

核心组成员：杨晔　王扣兰　李俊峰　贺伟　张扬　尹美霞

研究周期：2015年12月—2019年10月

结题时间：2019年10月

二、主要内容

1. 研究价值

尽管国内外已有不少关于数学活动及经验的研究，但我国目前已有的研究主要还是针对数学活动经验的内涵进行个人阐释的情况较多，在对学生数学活动经验积累的教学实践研究尤其是评价方面的研究还非常薄弱。因此，从理论和实践层面开展"基于'数学活动经验'的教学评价研究"，不仅有助于充实"数学活动经验"的基本理论，而且有助于为深化基础教育数学课程改革服务。当然，更主要的是能加深学生对数学的有效理解，可以让学生积累基本的数学活动经验，能潜移默化地提升学生的数学素养。因此进行本课题研究具有

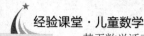

前瞻性。

2. 研究目标与内容

（1）研究目标。

① 通过本课题的研究，让教师进一步熟悉当前的数学教材体系，在教学设计与实施过程中能充分彰显以学生为本的教学思想，探究不同的数学基本活动经验在相应年级、相应学段内的不同教学要求，并基于"经验积累"的视角对当前课堂教学进行评价，以建构"经验引领课堂"的数学教学评价要求与体系。

② 通过本课题的研究，探索"经验积累"视角下数学教学检测的手段与形式，促进教师转变教学方式，关注学生的学习生存状态，帮助学生积累基本的数学活动经验，让学生具有浓厚的数学学习兴趣，数学思维得到发展，数学素养得到提升。

③ 开展丰富的数学学习体验活动，拓宽学生学习数学的渠道与途径，创编、完善并印制基于"经验积累"视角下的数学校本课程《数学阅读与拓展体验》，同时探索其实施与评价要求，积极打造"儿童数学"的教育教学特色。

④ 通过实践研究，培养一批观念新、业务素质高、实验操作能力强的骨干教师。

（2）研究的内容。数学基本活动经验的教学目标是内隐的，为让它能够更好引领课堂教学的发展，让学生充分经历和体验数学教学的全过程，并最终体现"以人为本"的教学思想。我们是从以下几个方面开展本课题研究的：

① 基于数学行为操作活动经验的教学评价研究。

② 基于数学探究活动经验的教学评价研究。

③ 基于数学思维活动经验的教学评价研究。

④ 基于数学问题解决经验的教学评价研究。

⑤ 基于数学活动经验的校本课程建设与评价研究。

⑥ 基于数学活动经验的主题活动开展与评价研究。

3. 研究基本思路与策略

（1）研究基本思路。数学基本活动经验像一颗颗美丽的珍珠散落在各年级、各学段不同领域的教材内容中，其具有较强的个体性特征，涉及个人感受、感悟数学的水平。为实现这一课程教学目标，首先，我们将根据现行国标本苏教版数学教材内容安排一些课堂教学必须进行的数学活动，针对学生学习数学的特点提出不同学段组织数学活动、开展课堂教学的可操作性要求。其次，梳理本课题研究中所涉及的数学活动经验在各年段中是以哪些内容为载体并提出相应的教学要求。最后，我们也将以年级为单位开展形式多样、内容丰富的数学主题探究学习活动，并提出相应的要求。在评价教师的教学时，我们将以研究中提出的相关要求为依据，促使教师有效设计和组织数学活动、开展教学，充分调动学生在数学活动、数学学习过程中的主本性、能动性，以帮助学生获得数学活动经验，促进学生的数学思维得到发展，并最终提升学生的数学素养。

在评价和了解学生的数学活动经验获得的程度时，我们将主要以描述性的评价为主，将通过记录、整理和分析学生在数学活动研究中参与、思考、与他人合作、表达与交流情况，了解学生在不同学段参与数学活动的变化，分析学生在不同阶段参与数学活动的表现和数学活动经验的发展情况等。这必将为教师的教学提供有效信息，从而自觉采取措施改进教学。

另外，我们也将着力通过改变当前的检测手段与形式，引导教师主动关注学生数学学习的过程，激发学生学习数学的兴趣，养成良好的数学学习习惯，并逐渐学会学习、学会思考。

（2）研究基本策略。在研究过程中，我们将根据研究规划及时总结"基于'数学活动经验'的教学评价研究"的评价体系建立与实施的经验，以提升理性认识，形成初步的理论基础，并推出一批有推广价值的实施方案和经验。

三、实践举措

1. 加强学习，不断提升理论素养

为提升课题组成员的理论素养，涵养成员们的内在精神。在课题立项之初，我们就为各位成员每人至少配备了3本理论书籍，部分书目如下：《积累数学活动经验，我们这样做》（李兰英　教育科学出版社）、《做中学——在课堂教学中促进学生数学基本活动经验习得的时间与思考》（祈京生　首都师

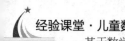

范大学出版社）、《小学数学学业评价标准》（人民教育出版社课程教材研究所小学数学课程教材研究开发中心　人民教育出版社）、《做一个讲道理的数学教师》（罗鸣亮　华东师范大学出版社）、《数学与生活》（［日］远山启　人民邮电出版社）、《数学教学ABC：基本概念与核心理念》（德里克·海洛克　教育科学出版社）……对于理论学习，我们采用自学为主、集中研修为辅的方式。为提升理论学习的针对性和实效性，我们结合平时的主题研讨建立了集中分享制，即定时进行成员间的主题学习交流活动。

2. 依托教材，梳理纵向评价体系

在课题研究之初，我们依托国标本苏教版小学数学教材，从数学行为操作活动经验、数学探究活动经验、数学思维活动经验、数学问题解决经验四个维度出发，试图探寻与建立具有内在联系的纵向质性评价体系。诸如，某一数学活动经验在小学数学教材中主要是依托了哪些数学题材来实现的？不同数学题材在帮助学生积累某一方面的数学活动经验时有哪些具体要求？学生的数学活动经验是如何螺旋上升的？该如何评价？为此，我们按照课题研究任务安排，组织课题组成员与部分骨干教师梳理了当前的教材内容，其中能帮助学生积累数学行为操作活动经验与数学探究活动经验的典型题材各有18个，帮助学生积累数学思维活动经验与问题解决经验的题材各有20个，具体参见本书第八章第二节中的表8-1内容（帮助学生积累数学活动经验的教材内容表）。

在梳理确立76个典型题材后，我们紧接着就转入到针对具体课例的"基于数学活动经验的教学建议与评价指标"的序列研究之中，为做好此项研究工作，我们专门设计了"基于数学活动经验的教学建议与评价指标"的研究表格供成员们使用，具体如表3所示：

表3　基于数学活动经验的教学建议与评价指标

教学内容	苏教版_____年级第_____册第_____页		整理者：_____
	课题名称：_____		时间：_____
数学活动经验之类别			

续 表

基于数学活动经验视角之教学设想与建议	
基于数学活动经验之教学评价指标	

利用表3，我们就苏教版数学教材中梳理出的典型题材设计了92个课例。为做好此项研究工作，课题组全体成员对92个课例的初稿多次进行修改与审定。我们要求，每一个课例一般要按照"基于经验—唤醒经验—积累经验—发展经验—应用经验"的模型进行修改和完善，但不一定五个板块均要有，要视教学内容而定。在修改与审定的过程中，我们要求每一位成员都要积极探索同一种经验在不同年级发展的不同要求及其内在逻辑关联性。同时，也要思考不同经验之于同一内容的交叉性，但一定要突显某一节课重点是让学生积累什么样的数学活动经验。至目前，从"教学设想与建议"到"教学评价指标"，每一个课例都非常翔实。相信一线教师们拿到这92个课例后，一定能清晰知道某节课该怎么上，基于经验视角的评价指标有哪些。

3. 立足课堂，建构横向评价标准

本课题研究的效益要落实在课堂中，最终要体现在学生数学活动经验的积累、数学素养的提升方面上。从本课题立项至现在，总课题组已开展过45节课的主题研讨。内容均来自教材，但有的内容是我们根据教材内容进行的主题研发，如"小弹珠大智慧"这一研究内容是由二年级下册P97中的"动手做"课题改编而成。整个内容对教材内容进行了整合，巧妙地结合了实践活动中调查分析的相关内容，把"数弹珠、分弹珠、夹弹珠"进行了有效的串联和沟通，让学生在"玩转小弹珠"的过程中，体会统计中数据收集、整理、分析的价值。

每次研究活动均有明确的主题这是我们的一贯坚持，本着一次研究活动围绕一个研究主题，结合具体的课题进行观点碰撞。期间我们就"基于数学行为操作活动经验的教学评价""基于数学探究活动经验的教学评价""基于数学

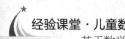

思维活动经验的教学评价""基于数学问题解决的教学评价"等话题分别做过多次深度研讨。

4. 开展沙龙，聚焦主题观点碰撞

2017年1月18日晚，课题组全体成员举行了QQ在线主题沙龙。本次在线沙龙由张扬老师主持，就"我教学视野中的数学活动经验"为主题，她带领大家围绕以下四个话题进行了深度交流。

（1）请结合你的学习与教学实践谈谈对数学活动经验的认识。

（2）如何基于数学活动经验视角研读当前的国标本苏教版数学教材？可以结合杨晔老师近期执教的"平行四边形的认识"一课谈自己的观点和想法，也可以结合自己的教学实践说一说。

（3）如何基于数学活动经验开展教学评价研究？请结合自己的教育教学谈一谈。

（4）针对"基于数学活动经验的教学评价研究"课题的研究，你有什么好的建议或意见？大家在群内就每一个分话题进行了逐一阐述和分享。

通过沙龙活动，组员们对相关概念有了更深的理解，尤其是对"基于数学活动经验的教学评价"方面有了初步的共同价值取向。

（1）是否激活与本课有关的学生已有的数学活动经验。

（2）是否运用已有的数学活动经验。

（3）在新的数学活动中，是否有让学生经历知识形成的过程，是否及时帮助学生总结提升经验。

5. 基于平台，持续推介研究成果

为及时推广我们的研究成果，目前我们建立了课题研究专题网站与"数学活动经验名师工作室"微信公众号（https：//mp.weixin.qq.com/mp/profile_ext？action=home&__biz=MzIwNjY1ODMyMw==&scene=124#wechat_redirect）。课题组成员每月及时上传阅读教育教学理论所撰写的心得，或根据实践所撰写的教学案例反思、论文，或教育教学改革与实践的前沿资讯，此举能更快捷方便地辐射我们的研修成果，以吸纳更多的教学同仁共同关注或参与我们的主题研修活动。

2017年5月18日至20日，在网络辐射的影响下，课题组部分成员及工作室全体成员应邀参加了在盐城举办的第三届"基础教育论坛·小学数学"专题研讨会。会中课题主持人杨国华有幸代表课题组全体成员与全国著名特级教师吴正宪老师同台向与会的400多位成员献课，执教课题是"神奇的长方形"，该课主要是帮助学生积累数学行为操作活动经验。同时，课题主持人杨国华还向大会作了"积累数学活动经验提升数学思维"的主题讲座。近四年来，课题主持人杨国华每年还在常州市暑期名师大学堂中向全市数学同仁作了诸如"积累数学活动经验外显数学思维"等多个"数学活动经验"方面的专题讲座。

近年来，我们还应邀至南京、镇江、常州市新北区、溧阳市等多个地区及金坛区唐王小学、白塔小学等多所兄弟学校推广我们的研究成果，从实践层面上提升了一线教师对数学活动经验在课堂教学中的可操作性的认可度。

四、理性认识

1. 基于数学活动经验的教学评价视角

数学活动经验的积累是提高学生数学素养的重要标志，帮助学生积累数学活动经验是数学教学的重要目标。教学评价是对学生学习过程的评价，目的在于激发学生的学习动机。为了帮助学生较好地积累数学活动经验，我们在教学实践过程中探索出了教学评价的五个视角。

视角一：教学评价要关注学生已有经验的前测

奥苏贝尔说过："……影响学生学习新知的唯一最重要的因素，就是学习者已经知道了什么……"因此教师在教学前必须做好前测，认真研读教材，弄清知识的前后联系，了解学生的起点，以经验开路，不断提升学生的数学活动经验水平。具体前测方法可以是教学前的访谈、问卷调查；也可以是研读教参，关注教参中每一个单元编排结构。

视角二：教学评价要关注教学情境的创设

数学活动经验的形成，需要经历从生活经验向数学经验，亦即向抽象层面过渡与发展。故教学时要认真分析教材，尤其是要认真研究教材所提供的情境图，立足教学、根据需要，创设一个合适的问题情境，为帮助学生积累一定的

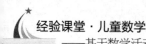

数学活动经验奠定重要基础。

一是情境的选择，既可以是生活情境，也可以是数学情境，不管创设哪种情境，这个情境必须蕴含数学信息和数学问题，为发现和提出问题奠定基础。

二是情境的呈现，要细化、动态化，不要简单呈现静态情境，可以先呈现情境，再逐步呈现信息，让学生在情境中观察，在观察中体验，在体验中思考，在思考中发现问题、提出问题。

三是情境的利用，不能让数学学习一直置于具体情境之中，要把握好情境利用的度，合理进行，在教学过程中要注意及时抽象，引导学生从具体情境过渡到数学的思考。

视角三：教学评价既要关注结果，更要关注过程

《义务教育数学课程标准（2011年版）》强调"结果"与"过程"并重，数学教学不仅要教作为结果的数学结论，还要教数学结论的产生和形成过程。学生在数学学习过程中能否调用已有生活与学习经验、能否自觉运用画图、列表、举例等方式来寻求问题的解决方案将是我们进行教学评价的又一视角。我们以为，只有当学生有了充分的数学活动经验的积累，他们遇到问题时进行自主探索、寻求问题解决的方案并最终解决问题才将是一个水到渠成的过程。

视角四：教学评价要关注学生的应用意识

学生在经历了一系列的数学活动后，能在新的情境下自发应用已经积累的数学活动经验。应用意识作为数学基本活动经验的核心成分，需要教师在教学过程中更多地加以关注和发展。

在义务教育阶段，应用意识有两个方面的含义：一方面，有意识地利用数学的概念、原理和方法解释现实世界中的现象，解决现实世界中的问题；另一方面，认识到现实生活中蕴涵着大量与数量和图形有关的问题，这些问题可以抽象成数学问题，用数学方法予以解决从而积累问题解决等相关数学活动经验，提高数学素养。

视角五：教学评价要关注是否建立教学模型

数学活动经验的积累还需要从是否帮助学生逐步建立一定的数学模型思想来审视，解决问题、学会思维等往往需要先帮助学生建立一定的数学模型，这

才能在更大的程度上帮助学生积累基本的数学活动经验，并不断提升学生的数学思维品质。当然，在这儿讲的"模型"并非是一成不变的模式化，而是要让学生在数学学习过程中要学会进行"类"的归纳与思考，要善于引导学生在数学现象中寻找规律、发现方法等。

2. 研发了两类评价量表

为较好地引导教师关注并评价学生数学活动经验积累的情况，我们在实践与反复讨论的基础，设计了"基于'数学活动经验'的教学评价表"与"学生数学活动经验水平评价用表"两类评价用表，供研究者与一线教师们使用。具体参见本书第八章第二节中的表8-3内容（基于数学活动经验的教学评价表）与表8-4内容（学生数学活动经验水平评价表）。

说明： 在8-4表格中的水平三、二、一分别对应评价等级A、B、C，不在上述之列的为等级D，综合评价等级视整体情况而定。

3. 建构"经验课堂"，打造"儿童数学"

基于数学活动经验的研究视角，我们在研修过程中，一直着力建设"经验课堂·儿童数学"的特色，其特质为"学法五动"，即：动手操作、动眼观察、动脑思考、动口说理、动耳倾听。

关于"学法五动"，我们采用"聪"字解释法：耳表示要动耳倾听；两点表示学生的眼睛，要认真观察；口表示学生要善于发言，动口说理；心表示思生于心，涵养于行，也即学数学要善于动手动脑。

建构"经验课堂"的目标是全力打造"儿童数学"。我们的"儿童数学"观为：童心、童真、童智。"童心"即数学学习的内容应当丰富有趣，要能激发学生学习数学的好奇心，学生应当乐之、好之，心向往之。"童真"即要关注儿童，不断追寻数学本真，让不同的学生在数学上能得到不同的发展。"童智"即数学学习的内容不仅仅"好玩"，更要富有"魅力"。好玩：思维+乐趣；魅力：神奇+美妙。

五、成果与影响

1. 基于数学活动经验积累的校本教材已经自成体例

在课题组成员及部分数学骨干成员的共同努力下，我校的数学校本教材《数学阅读与拓展体验》已编印成册，已成为我校数学课程建设中的一大亮点，并被兄弟学校借鉴使用。《数学阅读与拓展体验》是每个年级一册，每一册分上、下篇，每篇有八讲，即每一册共计16讲，这与现行苏教版数学教材完全配套。它的每一讲都分为三部分：回顾与整理、阅读与欣赏、探究与实践。"回顾与整理"是引导学生们自觉梳理相关单元的学习内容，以便形成属于学生们自己的知识结构体系，同时唤醒学生们的已有经验，为其学习探究相关内容作铺垫。"阅读与欣赏"是选取了与该讲学习内容有较高相关度的内容让学生们进行自主阅读，以便于学生们在阅读中学会思考，在阅读中学会分享，在阅读中感悟数学的神奇，在数学文化的熏染下激发探究数学的内驱。"探究与实践"是精选了与当前数学课本内容、生活紧密相连的内容作为载体，引领学生们进行自主探究，学会学习。

2. 提升了学生的数学素养

在本课题研究的引领下，学生的数学活动经验水平明显得到提升，如在"可能性"这一知识模块的学习过程中，学生们在低学段积累了一定的行为操作活动经验——摸球经验，而到了第二学段再次学习"可能性"时，学生摸球经验已达到了一种自动化的水平，他们互相合作并更加指向于思维品质的提升。可喜的是，学生在长期的数学活动经验积累下，他们变得更加自信，能合作、会思考、善表达已成为学生们的一种内在素养。课堂中你会经常看到有的学生走到讲台前为同学大胆表达他们对数学问题的见解，在他们口中会自如地表达出"同学们，请听我讲""同学们，你们听明白了吗？""同学们，你们还有什么疑问吗？"等不一而足。

图1　儿童数学园

在课题研究思想引领下，我们开辟了"儿童数学园"，他们能在教师的引导下在"儿童数学园"自主开展数学主题式的研究活动，如"铺地锦""怎样滚得远""回文数"等。近年来，学生结合主题探究的过程，有多人次撰写的数学小论文在区举行的"数学小论文比赛"活动中获一、二等奖，获奖比例远远高于同类兄弟学校。应该说学生的数学素养得到了明显提升。

3. 促进了教师的专业成长

在课题研究过程中，课题组全体成员已能在课堂教学中旗帜鲜明地帮助学生积累数学活动经验，每一个人都树立了"经验课堂·儿童数学"的学法五动意识，即动手操作、动眼观察、动脑思考、动口说理、动耳倾听。在课题研究过程，每一位成员均养成了"问题即课题"的教学素养，他们善于思考、勤于实践，笔耕不辍。三年多来，有32篇研究论文在省级刊物发表、11篇论文在省级获奖，有三人在"一师一优"课活动中获部优课例称号，有1人获省小学数学基本功竞赛一等奖。成员中有一人获评常州市小学数学学科带头人、三人获常州市小学数学骨干教师、一人获常州市教育领军人才荣誉称号等。

总之，在课题组成员的共同努力与带动下，已经有越来越多的数学教师自愿加入我们的研究队伍中来。目前，该项目已经成为"常州市杨国华名师工作室"的研究项目，也是当前金坛区小学数学乡村骨干教师培育站研究项目，相信在团队成员的共同努力下，"经验课堂·儿童数学"之花定会在更大范围竞相绽放。

后 记 ▶

　　《义务教育数学课程标准（2011年版）》明确提出"基本活动经验"的课程目标后，我及团队成员就一直行走在"帮助学生积累数学基本活动经验"的教育征途中。回望研究历程，我们不经意间围绕"数学活动经验"这个话题已进行了近八年的探究之旅，这其中有辛酸、有困惑，还一度有过放弃该课题研究与关注的念头。当然，这其中也有喜悦、有顿悟，从当初不知道"数学活动经验"是什么的迷惘到如今能有效帮助学生积累、提升数学活动经验，各种滋味也只有身于其中的我们自己能体悟。

　　近八年来，首先要感谢团队成员，他（她）们是杨晔、李俊峰、王扣兰、尹美霞、张扬、贺伟、周海燕、王红、朱小亚、周瑜琴、袁爱华等，尽管来自不同的学校，但我们始终如一地坚持着、探索着，躬耕实践，我们欣喜地发现，在"数学活动经验"课题领域已经有了属于我们自己的思考与话语。其次，我还要感谢常州市教科院副院长潘小福先生，是他的鼓励与支持，才使我们有了更大的勇气与信心一直行走在"数学活动经验"的研究之路上。记得，那是2014年5月27日，我主持研究的江苏省十一五规划课题"小学生基本数学活动经验积累的教学实践研究"之研究推进会面向常州市数学同仁进行展示，会上潘小福先生对我们的研究给予了充分肯定，同时也殷切期望我们能在"数学活动经验"的研究之路上继续前行，这给予了团队成员莫大的鼓舞。于是乎，便有了江苏省十二五规划2015年度重点资助课题"基于'数学活动经验'的教学评价研究"的研究。最后，也要感谢我身边的数学教育同仁们，尽管他们不是我们正式研究团队中的成员，但他们一样积极参与了我们的研究，倾全力给予了全方位支持并贡献智慧，尤其是能在课堂教学实践中积极践行我们提出的"经验课堂·儿童数学"的"学法五动"理念，从而切实使我们的研究大大提高了当前的数学课堂教学效益，提升了学生的数学素养，这也是我们的研究持续深入不竭的动力源泉。

近八年来，围绕"数学活动经验"话题的研究更离不开行政层面的鼎力支持，我先后领衔了"金坛区小学数学杨国华名师工作室""常州市杨国华名教师工作室"与"江苏省金坛区小学数学乡村骨干教师培育站"，因为有了这些平台，才让更多优秀的、有共同研究意愿的同仁走到了一起：我们在阅读中思考，在思考中行走，在行走中感悟。如果没有行政层面的支持，也很难有今天的分享。

总之，没有方方面面的支持与鼓励，没有团队成员的抱团研究与发展，今天这本小册子就不会呈现在大家面前。

谨此为谢！

杨国华

2019年2月10日于金沙